中华精神家园

文化遗迹

考古遗珍

中国的十大考古发现

肖东发 主编　衡孝芬 编著

中国出版集团

现代出版社

图书在版编目（CIP）数据

考古遗珍：中国的十大考古发现 / 衡孝芬编著. —
北京：现代出版社，2014.5（2019.1重印）
ISBN 978-7-5143-2361-0

Ⅰ．①考… Ⅱ．①衡… Ⅲ．①考古发现－中国 Ⅳ.
①K87

中国版本图书馆CIP数据核字(2014)第085379号

考古遗珍：中国的十大考古发现

主　　编：肖东发
作　　者：衡孝芬
责任编辑：王敬一
出版发行：现代出版社
通信地址：北京市定安门外安华里504号
邮政编码：100011
电　　话：010-64267325 64245264（传真）
网　　址：www.1980xd.com
电子邮箱：xiandai@cnpitc.com.cn
印　　刷：汇昌印刷（天津）有限公司
开　　本：710mm×1000mm　1/16
印　　张：9.5
版　　次：2015年4月第1版　 2021年3月第4次印刷
书　　号：ISBN 978-7-5143-2361-0
定　　价：29.80元

党的十八大报告指出："文化是民族的血脉，是人民的精神家园。全面建成小康社会，实现中华民族伟大复兴，必须推动社会主义文化大发展大繁荣，兴起社会主义文化建设新高潮，提高国家文化软实力，发挥文化引领风尚、教育人民、服务社会、推动发展的作用。"

我国经过改革开放的历程，推进了民族振兴、国家富强、人民幸福的中国梦，推进了伟大复兴的历史进程。文化是立国之根，实现中国梦也是我国文化实现伟大复兴的过程，并最终体现为文化的发展繁荣。习近平指出，博大精深的中国优秀传统文化是我们在世界文化激荡中站稳脚跟的根基。中华文化源远流长，积淀着中华民族最深层的精神追求，代表着中华民族独特的精神标识，为中华民族生生不息、发展壮大提供了丰厚滋养。我们要认识中华文化的独特创造、价值理念、鲜明特色，增强文化自信和价值自信。

如今，我们正处在改革开放攻坚和经济发展的转型时期，面对世界各国形形色色的文化现象，面对各种眼花缭乱的现代传媒，我们要坚持文化自信，古为今用、洋为中用、推陈出新，有鉴别地加以对待，有扬弃地予以继承，传承和升华中华优秀传统文化，发展中国特色社会主义文化，增强国家文化软实力。

浩浩历史长河，熊熊文明薪火，中华文化源远流长，滚滚黄河、滔滔长江，是最直接的源头，这两大文化浪涛经过千百年冲刷洗礼和不断交流、融合以及沉淀，最终形成了求同存异、兼收并蓄的辉煌灿烂的中华文明，也是世界上唯一绵延不绝而从没中断的古老文化，并始终充满了生机与活力。

中华文化曾是东方文化摇篮，也是推动世界文明不断前行的动力之一。早在500年前，中华文化的四大发明催生了欧洲文艺复兴运动和地理大发现。中国四大发明先后传到西方，对于促进西方工业社会的形成和发展，曾起到了重要作用。

　　中华文化的力量，已经深深熔铸到我们的生命力、创造力和凝聚力中，是我们民族的基因。中华民族的精神，也已深深植根于绵延数千年的优秀文化传统之中，是我们的精神家园。

　　总之，中华文化博大精深，是中国各族人民五千年来创造、传承下来的物质文明和精神文明的总和，其内容包罗万象，浩若星汉，具有很强的文化纵深，蕴含丰富宝藏。我们要实现中华文化伟大复兴，首先要站在传统文化前沿，薪火相传，一脉相承，弘扬和发展五千年来优秀的、光明的、先进的、科学的、文明的和自豪的文化现象，融合古今中外一切文化精华，构建具有中国特色的现代民族文化，向世界和未来展示中华民族的文化力量、文化价值、文化形态与文化风采。

　　为此，在有关专家指导下，我们收集整理了大量古今资料和最新研究成果，特别编撰了本套大型书系。主要包括独具特色的语言文字、浩如烟海的文化典籍、名扬世界的科技工艺、异彩纷呈的文学艺术、充满智慧的中国哲学、完备而深刻的伦理道德、古风古韵的建筑遗存、深具内涵的自然名胜、悠久传承的历史文明，还有各具特色又相互交融的地域文化和民族文化等，充分显示了中华民族的厚重文化底蕴和强大民族凝聚力，具有极强的系统性、广博性和规模性。

　　本套书系的特点是全景展现，纵横捭阖，内容采取讲故事的方式进行叙述，语言通俗，明白晓畅，图文并茂，形象直观，古风古韵，格调高雅，具有很强的可读性、欣赏性、知识性和延伸性，能够让广大读者全面接触和感受中国文化的丰富内涵，增强中华儿女民族自尊心和文化自豪感，并能很好继承和弘扬中国文化，创造未来中国特色的先进民族文化。

青去次

2014年4月18日

汉代珍宝——马王堆汉墓与女尸

历史之魂——六大考古发现

三星堆与遗物

　　三星堆遗址位于四川广汉南兴镇西北鸭子河南岸，南距四川成都40千米。它是我国西南地区的青铜时代遗址，是一座由众多古文化遗存分布点所组成的一个庞大遗址群，因有3座突兀在成都平原上的黄土堆而得名。

　　三星堆文明上承古蜀宝墩文化，下启金沙文化、古巴国，前后历时约2000年，是我国长江流域早期文明的代表，也是迄今为止我国历史中已知的最早的文明，被誉为世界"第九大奇迹"。

三星堆文化遗址广阔

出四川广汉约三四千米，有三座突兀在成都平原上的黄土堆，"三星堆"便因此而得名。1929年春，当地农民燕道诚在宅旁挖水沟时，发现了一坑精美的玉器，由此拉开了三星堆文明的研究序幕。

三星堆遗址群规模巨大，范围广阔，大多分布在四川省广汉市南兴镇西北的鸭子河南岸，以及马牧河南北两岸的高台地上，是四川

三星堆出土的青铜面具

省古代最大最重要的一处古文化遗存。

该遗址群的文化遗存可分为4期，其中，一期为早期堆积，属于新石器时代晚期文化，2期至4期则属于青铜文化。

三星堆古文化遗存分布点达30多个，其中以西城墙遗址、月亮湾城墙遗址、祭祀坑遗址、古城墙遗址、仁胜墓地遗址最为重要。

西城墙位于三星堆遗址西北部鸭子河与马牧河之间的高台地上，呈东北、西南走向。

在城墙的中部和北部，各有一个宽约20米的缺口，此缺口将西城墙分为北、中、南三段。其中段南端在缺口处向东拐折延伸约40米，与中段北段略成垂直相接。

结合从北端鸭子河和南端的马牧河冲刷暴露出来的城墙剖面，以及夯土内的包含物分析来看，西城墙的结构、体量、夯筑方法和年代，与南城墙及东城墙相近。

月亮湾外城墙位于三星堆遗址中北部的月亮湾台地东缘，按走向可分南、北两段，北段为东北和西南走向，南段略向东折，基本上呈正南北走向，整条城墙与西城墙北段基本平行。

月亮湾内城墙全长650米，顶宽20米左右，高2.4

■ 三星堆博物馆保存的黄金面罩

祭祀 是华夏礼典的一部分，更是儒教礼仪中最重要的部分，礼有五经，莫重于祭，是以事神致福。祭祀对象分为三类：天神、地祇、人鬼。天神称祀，地祇称祭，宗庙称享。祭祀的法则详细记载于儒教圣经《周礼》《礼记》中，并有《礼记正义》《大学衍义补》等书进行解释。

朱 即朱红色，又称中国朱红。是用一种不透明的朱砂制成的颜色，从我国上古已使用，做搽粉的胭脂。由于朱红色在古代是正色，皇帝御批用朱红，皇家建筑也以朱红色装饰宫墙，官宦或者富硕人家往往将大门涂成朱红色。在汉代阴阳五行中，朱红色象征朱雀，指南方。

■ 三星堆博物馆保存的玉瑗

米至5米。北端宽30米至45米，中段有拐折，夹角为148度，北端为32度，南端成正南北走向。

城墙南段较高。城墙东侧有壕沟。根据在北段北部的情况，月亮湾墙横断面呈梯形。

墙体采取了无基槽式平地起夯，由东向西依次分块斜向堆筑的夯筑方法，墙体材料主要为泥土和沙土，局部采用卵石垒筑、支撑。城墙结构清楚，夯层明显，夯筑方法较为特殊。

三星堆著名的一、二号祭祀坑位于三星堆城墙东南，是三星堆遗址最重要的发现之一。两坑坑室走向一致，均为东北和西南走向。坑口呈长方形，口大底小，坑壁整齐，经填土夯打而成。

坑室内器物均分层放置，埋藏现象前所未见，大多数器物埋藏时或埋藏前明显经过有意的焚烧和破坏，或烧焦、发黑、崩裂、变形、发泡甚至熔化，或残损、断裂甚至碎成数块或数段，而散落在坑中不同位置。部分青铜器、头像及面具有的口部涂朱，有的眼部描黑。

一号坑共发现各类器物567件。其中，青铜制品178件，黄金制品4件，玉器129件，石器70件，象牙13根，海贝124件，雕云雷纹骨器10件，完整陶器39件，以及3立方米的烧骨碎渣。

二号坑共发现各类遗物

以及残片和可识别出的个体6095件。其中，青铜制品736件，黄金制品61件，玉器486件，石器15件，绿松石3件，象牙67根，象牙珠120件，象牙器4件，海贝4600枚。

　　两坑中器物的种类，除部分中原地区夏商时期常见的青铜容器、玉石器和巴蜀文化遗址常见的陶器外，大多是其他地方从未发现过的新器物，如青铜群像、青铜神树群、青铜太阳形器、青铜眼形器、金杖、金面罩等。

　　两坑器物不仅数量巨大，种类繁多，文化面貌复杂、新颖、神秘，而且造型奇特，规格极高，制作精美绝伦，充分反映了商代蜀国高度发达的青铜铸造技术、黄金冶炼加工技术、玉石器加工技术以及独特的审美意识和宗教信仰。

　　三星堆城墙位于三星堆遗址南部，呈西北和东南走向。西北端的地面部分，现存部分长约40米；东南端临马牧河岸缘，原城墙分布情况依稀可见。

　　根据城墙基础可知，三星堆城墙长度为260米，

陶器 是用黏土烧制的器皿。质地比瓷器粗糙，通常呈黄褐色，也有涂上别的颜色或彩色花纹的。新石器时代开始大量出现。陶器的发明是人类文明的重要进程，是人类第一次利用天然物，按照自己的意志创造出来的一种崭新的东西。

青铜器 是由青铜制成的器具，诞生于人类文明的青铜时代。因为青铜器在世界各地均有出现，所以是一种世界性文明的象征。我国青铜器制作精美，在世界青铜器中堪称艺术价值最高。代表着我国在先秦时期高超的技术与文化。

基础宽度为42米。城墙南侧有壕沟，宽度30米至35米，壕沟距地表深2.84米，壕沟深2.4米。

城墙上开有两个缺口，据考证，缺口的年代不会早于明代。因此，三星堆是一条内城墙。

三星堆城墙结构、筑法、体量及城墙内的包含物与东、西、南城墙基本一致，唯顶部宽度不及其他城墙。

仁胜村墓地位于三星堆遗址西北部西城墙外的仁胜村，这是首次在三星堆遗址发现的成片分布的公共墓地，也是首次在古城以外发现的重要文化遗迹。仅在约900平方米的范围内，就发掘出29座小型长方形竖穴土坑和狭长形竖穴土坑墓葬。

墓葬分布密集、排列有序，墓向基本一致，墓室加工较为考究，绝大多数墓葬有一具人骨架，葬式均为仰身直肢葬。17座墓葬出土有玉器、石器、陶器、象牙等几类随葬品。

其中，玉石器大多是三星堆遗址首次发现的新器形，如玉锥形器、玉牙璧形器、玉泡形器、黑曜石珠等，而玉牙璧形器极为罕见，玉锥形器则明显地具有长江下游良渚文化的风格，引人注目；另有一件玉牙璧形器，表面钻有9个圆孔，可能与古代占卜术有关。

■ 三星堆的出土文物

这29座墓葬的下葬年代基本一致，相当于中原的夏王朝时期。仁胜村墓地的发现，对于进一步摸清三星堆古城的布局，了解三星堆文化的丧葬习俗及占卜礼仪，以及与其他地区考古学文化的联系，都具有十分重要的价值。

青关山遗址位于鸭子河南岸的台地上，发现大型红烧土房屋基址一座，其平面呈长方形，西北和东南走向，能观察到的面积约为100平方米。

西北和东南都由红烧土夯筑而成，并夹杂大量卵石。土房屋基槽宽三四米。据推测，其修筑方法为先挖基槽，然后夯筑房基。

该房屋基址的实际面积、修筑方法、残存高度、进深开间并不清晰，但如此规模的房屋基址，在三星堆遗址中是从未遇到的，其功能已远远超过一般居室的需要，它们极有可能是宫殿性质的建筑，建筑年代为商代。

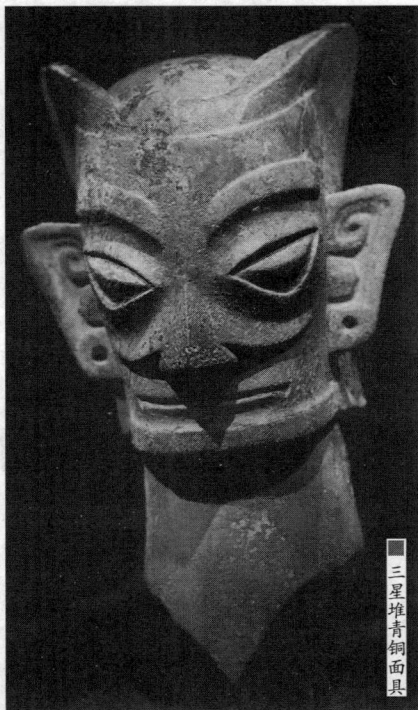

三星堆青铜面具

阅读链接

三星堆遗址的惊世发现，始于当地农民燕道诚于1929年挖水沟时偶然发现的一坑玉石器。

三星堆文明上承古蜀宝墩文化，下启金沙文化、古巴国，前后历时约2000年，是我国长江流域早期文明的代表，也是迄今为止我国历史中已知的最早的文明。

三星堆文化遗物丰富

三星堆跪坐人像

　　三星堆祭祀坑中有上千件青铜器、金器和玉石器。其中，一号坑出土青铜器的种类有人头像、人面像、人面具、跪坐人像、龙形饰、龙柱形器、虎形器、戈、环、戚形方孔璧、龙虎尊、羊尊、瓿、器盖、盘等。

　　二号坑的青铜器有大型青铜立人像、跪坐人像、人头像、人面具、兽面具、兽面、神坛、神树、太阳形器、眼形器、眼泡、铜铃、铜挂饰、铜戈、铜戚形方孔璧、鸟、蛇、鸡、怪兽、水牛头、鹿、鲶鱼等。

■ 三星堆"通古千里眼、顺风耳"青铜神像

在这数千件稀世遗物中，最具特色的首推数百件青铜器。这些青铜像铸造精美、形态各异，既有夸张的造型，又有优美细腻的写真，组成了一个千姿百态的神秘群体。

在众多的青铜人面像里有3件著名的"千里眼、顺风耳"的造型。

它们不仅体型庞大，而且眼球明显突出眼眶，双耳更是极尽夸张，长大似兽耳，大嘴也阔至耳根，使人体会到一种难以形容的惊讶和奇特。而它们唇纹三重嘴角上翘的微笑状，又给人以神秘和亲切之感。

其中最大的一件通高0.65米，宽1.38米，圆柱形的眼珠，突出眼眶达0.16米；另一件鼻梁上方镶嵌有高达0.66米的装饰物，既像通天的卷云纹，又像是长有羽饰翘尾卷角势欲腾飞的夔龙状，显得怪诞诡异。

根据有关的民族志材料，许多民族的神职人员在通神作法的时候，往往要服用某些令人致幻的药物，

尊 我国古代的一种大中型盛酒器，盛行于商代至西周时期，春秋后期已经少见。商周至战国时期，还有另外一类盛酒器牺尊。牺尊通常呈鸟兽状，有羊、虎、象、豕、牛、马、鸟、雁、凤等形象。牺尊纹饰华丽，在背部或头部有尊盖。尊器表多饰有凸起的扉棱，雕铸着繁绳厚重的蕉叶、云雷和兽面纹，显得雄浑而神秘。

■ 三星堆青铜立人

蝉 在我国古代，蝉象征复活和永生，同"禅"出自佛家，故称"知了"。蝉的幼虫形象始见于公元前2000年的商代青铜器上，从周朝后期到汉代的葬礼中，人们总把一个玉蝉放入死者口中以求庇护和永生。由于人们认为蝉以食露水为生，因此它又是纯洁的象征。

凭借这些药物的力量，他们成为一群很特殊的人，掌握着较高的文化，但是眼睛是失明的。

难道在三星堆王国的神圣阶层中，果真有一群瞎子吗？也许真的会有？

三星堆遗址出土的文物青铜鸟脚人像残高81.2厘米，分上下两部分，上部人身残高31.2厘米，穿紧身短裙，短裙上还有非常细致的螺旋状纹理，这些纹理跟商代青铜器上的纹理非常相似。人像腿粗硕健壮，鸟爪强劲有力的钳住下面的鸟头。鸟的造型极为抽象，大大的眼睛，弯弯的钩喙，从颈部变成蛇、龙等动物的尾巴。下部鸟高50厘米。

三星堆祭祀坑的立人像身高1.7米左右，连座通高2.62米，重180千克，被尊称为世界铜像之王。

据考证，它的铸造时间距今有3000年。如此庞大的青铜巨人，在国内的商周文物中尚属首例，因此被誉为"东方巨人"。

青铜立人像的面部特征为高鼻、粗眉、大眼，眼睛呈斜竖状，阔嘴，大耳，耳垂上有一个穿孔，脑袋后端有发际线。人像身躯瘦高，手臂和手粗大、夸张，两只手呈抱握状。

青铜立人像上身着窄袖与半臂式右衽3件套装。头戴莲花状的兽面纹和回字纹高冠，后脑勺上铸有一凹痕，可能原有发簪之灯的饰物嵌在这里。

人像最外一层为单袖半臂式连肩衣，衣上佩方格状类似编织而成的绶带，绶带两端在背心处结襻，襻上饰物已脱落。衣左侧有两组相同的龙纹，每组为两条，呈"已"字相背状。

人像衣服右衽前后两边各有竖行的两组纹饰图案，一组为横倒的蝉纹，另一组为虫纹和目纹相间的纹饰。中间一层为"V"形领，短袖。

衣左背后有一卷龙纹。最里一层深衣分前后裾，前裾短而平整，后裾长，两侧摆角下垂近脚踝。在前后裾上，有头戴锯齿形冠的兽面纹。脚戴镯，赤足立于兽面台座上。

青铜像的头顶花冠正中，有一个圆形的代表太阳的标志。从它所在的位置看，这个巨大的立人像也许就是代表太阳神在行使自己的职能，也许他本身就是太阳神的化身，这也许是太阳崇拜的直接表现。

青铜立人像不是一件写实风格的雕像，从人物的骨骼上分析，他的躯体不符合正常人的比例，在世界的任何地方都找不到长有这般躯体的人。那么粗那么大的手，那么细的身体，那么长的脖子都无法和现有的人种联系起来。

也就是说，这件雕像表现的不是一般意义的人。只能把它解释为一种艺术造型，一种抽象、一种程式化的

龙 纹 又称为"夔纹"或"夔龙纹"。在我国古纹样装饰中，龙纹占有十分重要的地位，被大量装饰在玉石、牙骨、陶瓷、织绣和服饰等许多方面。在封建时代，又将它与佛教、道教的神话结合起来，赋予新的神秘色彩。尤其在宫廷艺术中，更是充满了龙的装饰。

世界奇迹

三星堆与遗物

■ 三星堆鸟脚人像

古蜀国 相传，上古时，居住在古青藏高原的古羌族人向东南迁居，进入了岷山地区和成都平原。后人将这些居住在岷山河谷的人称为蜀山氏。后来，蜀山氏的女子嫁给黄帝为妃，生下儿子蚕丛，蚕丛在四川平原建立了古蜀国，代代相传，经立了一个又一个的朝代。

■ 三星堆青铜神树上的铜鸟

东西。这是古蜀人喜欢的一种艺术形式。

那么，这尊青铜立人像代表的可能一个政教合一的宗教领袖，例如蜀王。而如果从制造者选取材质的角度考虑，立人像应该在众铜人像中指挥着全局。

这双大得出奇的环握状的手与身体的比例极不协调。那么这双巨大的手里面原本是空空的吗？如果不是，它可能把握着什么呢？

这两只手握成的圆形并不是同心的，也就是说，这尊大立人把握的器物应该是两件或者是一件弯曲的东西。那会是什么东西呢？

可能立人像手中握着的是玉琮。玉琮是一种极富地方特色的玉器，流行于5000年前我国东南地区的良渚文化中。但是，立人像双手的位置几乎不可能抓住像琮这样外方内圆的物体。

由于上方的一只手握成孔的直径要大一些，双手的位置清楚地表明所执物体必须有一定的弯度，所以可能是一根牙尖向下的象牙。

如果立人像是古蜀国人的宗教首领像，铜像双手所握的就应该是类似彝族巫师的法具神筒。但是，立人像的衣冠饰件均为青铜铸就，如果他双手果真要持通天柱或神筒柱这样的法器，那也应该由青铜铸造才是，不应偏偏是这个物件要拿木头或竹子来制作。

从三星堆的许多器物中归纳出奇特的手的造型，发现所有人物的手都特别大，特别突出。可能这只是一种手势，它手里并没有拿东西，好像巫师在作法时的一种动作，就是在不停地比画着什么。

■ 三星堆青铜鸟头

三星堆文化没有文字，但有象征符号，鸟、虫、鱼、人、羊……特别是鸟形器与鸟形纹，一眼就能辨认。这些符号与纹饰构成一个把自然界与人间万物召唤在一起的神秘系统。这是远古以来图腾崇拜的遗存，其中尤以鸟图腾最为明显，以鸟图腾为巴蜀族徽的器物分布最为广泛。

三星堆二号坑出土的众多铜器中，有许多鸟类造型。显然，这是三星堆人对鸟类产生的特殊情结。一方面，由于蜀地当时鸟类繁多，千姿百态，使蜀人引以为豪；另一方面，鸟类有灵活的翅膀，能够自由飞翔，甚至能上达碧霄，进入人类难以到达的境界，使人产生敬畏之情，甚至让人崇拜。

青铜鸟宽15.4厘米、通高27.8厘米。铜鸟立于圆座上。圆座顶微隆，腰部内凹处有四圆孔，下为中空圈足。鸟昂首向前，大眼尖喙，鸟身修长，两侧羽翅

图腾 是原始人群体的亲属、祖先、保护神的标志和象征，是人类历史上最早的一种文化现象。运用图腾解释神话、古典记载及民俗民风，往往可获得举一反三之功。图腾就是原始人迷信某种动物或自然物同氏族有血缘关系，因而用来做本氏族的徽号或标志。

■ 三星堆青铜鸟

长及尾部与尾羽相并上翘。鸟背部铸饰的一只歧分三枝的立式羽翅，使鸟身原本较为平实的构型生出了几分奇趣。

铜鸟头横断面呈椭圆形。矮冠末端上卷，大眼，钩喙，如鹰头。钩喙口缝及眼珠周围涂朱。器下端边沿处有三圆孔。

著名的青铜纵目面具代表的，其实是人鸟合体的一种正式表现形式。面具两个尖尖的耳朵，是杜鹃鸟的两只翅膀，它的钩啄般的鼻子则象征它是鹰隼一类的鸟。

古蜀国的第二代王叫鱼凫。凫就是鸟，具体指的是水上的鱼鹰。距离三星堆遗址很近的地方有一条大河叫鸭子河，从古以来一直有打鱼的人在这条河上豢养鱼鹰。这种能战胜鱼的鹰，也许在远古时代被人们仰慕。

青铜太阳轮形器是三星堆最具神秘性的器物之一。轮形器直径0.84米，器物中心为一个圆凸形的轮毂，轮毂向周围有放射状根辐条5根，辐条外有一周轮圈。圆凸形的轮毂中心及晕圈上各有一小孔做固定使用。

青铜太阳轮与同一祭祀坑出土的铜神殿屋盖上的太阳纹饰相似，也与我国南方的铜鼓上的太阳纹饰相像，这种近似车轮的青铜器件是太阳神崇拜的象征

祭日 祭日活动由来已久，源于华夏先民对日神的崇拜。夏商周三代都有祭日的传统。夏尚黑，祭日在日落之后；殷尚白，选在红日当顶时举行；周尚赤，习惯于早晨和黄昏时祭日。这种仪式，在我国某些地区依然留存。

物，因此被称作太阳轮形器。

可以推知，当时的古蜀国已经有了专门祭日的仪式。自然界和人类都喜欢对称法则，因为，对称不但美观、稳定，而且简洁、易于铸造。

但是，三星堆的工匠们为什么要舍简求繁制造5根辐条呢？其实，轮形铜器应该是一种盾的装饰物，它是一种舞蹈仪式进行时的一种法器，它上面的花纹表示它是代表太阳。

三星堆二号坑有5件由青铜制造的"树木"，分别为一号至六号青铜神树。但是只比较完好地恢复了一号青铜"神树"。残存的一号大铜树高3.96米，由于最上端的部件已经缺失，估计全部高度应该在5米左右。树的下部有一个圆形底座，3道根状物斜撑在树干的底部。

神树树干笔直，套有3层树枝，每一层有3根枝条，全树共有9根树枝。所有的树枝都柔和下垂。枝条的中部又伸出短枝，短枝上有镂空花纹小圆圈和花蕾，花蕾上各有一只昂首翘尾的小鸟。

神树枝头有包裹在一长一短两个镂空树叶内的尖桃形果实。在每层3根枝条中，都有一根分出两条长枝。在

法器 又称为佛器、佛具、法具或道具。广义而言，凡是在佛教寺院内，用于庄严佛坛，以及用于祈请、修法、供养、法会等各类佛事的器具，或是佛教徒所携带的念珠、锡杖等修行用的资具，都可称之为法器。

世界奇迹

三星堆与遗物

■ 青铜神树

■ 三星堆博物馆馆藏青铜斧

龙 在我国古代神话与传说中，是一种神异动物，具有九种动物合而为一之九不像的形象，为兼备各种动物之所长的异类。传说其能显能隐、能细能巨、能短能长。上下数千年，龙一直是华夏民族的象征。

树干的一侧有4个横向的短梁，将一条身体倒垂的龙固定在树干上。

三星堆遗址的青铜神树称得上是一件世上仅有、极其奇妙的器物。青铜神树树枝上共栖息着9只神鸟，可能是暗合了古典籍中"九日居下枝"的说法。神树的顶端应该还有一只神鸟，即暗合"一日居上枝"的说法，但由于神树的最顶端残缺，只能是推测了。

同时，在旁边还有数件原本应该立在花蕾上的铜鸟、人面鸟身像等，很可能其中的一件便是那只居于神树上枝的铜鸟。

三星堆的二号铜树仅保留着下半段，整体形态不明，下面为一个圆盘底座，3条象征树根的斜撑之间的底座上，各跪有一人，人像的双手前伸，似乎原先拿着什么东西。

由部分复原的形状来看，二号铜树树干每层伸出

3根树枝。它的枝头有一长一短叶片包裹的花蕾，其后套有小圆圈，与一号大铜树基本相同。但枝条的主体外张并且上翘，鸟歇息在枝头花蕾的叶片上，这却不同于一号大铜树。

这两棵大铜树体量巨大，尤其是一号大铜树上还有飞龙盘绕，它们应当不是普通的树木，而是具有某种神性的神树。

神树在我国的古代神话传说中不止一种，这些高大的铜树代表扶桑和若木，是古蜀人幻想成仙的一种上天的天梯。这种天梯是同太阳所在的地方相连接的，在东方叫扶桑，在西方叫若木。

三星堆大铜树以树的躯干、鸟、花和神树之上供人们想象的太阳，展示了一个通天的主题。在青铜树的枝干上，可以清晰地看到有一些用以垂挂器物的穿孔，而且坑中还有一些小型青铜器件。这些由青铜制作的发声器，也许是悬挂在铜树上的。

此外，尤其令人迷惑不解的是，这棵青铜神树如果全部按原型组装竖立起来，如此巨大的青铜神树，由于重心极其靠上，它根本就无法自然站立。

因此，这棵青铜神树应该是为一次大型祭祀而临时铸成的，而不是作为长期陈列而设置的。因为用青铜铸造许多棵带有神秘含义的树木，在当时来说是要下很大的决心的，因为那是一项十分

■ 三星堆博物馆里的青铜权杖

■ 三星堆青铜兽首冠人像

夔龙纹 夔是一种神话中形似龙的兽名，夔龙纹一说为龙纹、蜗身兽纹，主要形态近似蛇，多为一角、一足、口张开、尾上卷。夔龙纹始流行于商、西周青铜器及玉器上，商代的白陶因造型和纹饰均模仿当时的青铜器，因此也有印夔纹装饰的。

庞大而复杂的工程。

三星堆发现一柄金杖是用较厚的纯金皮包卷而成的金皮木芯杖，杖长142厘米，直径2.3厘米，净重500克。杖的上端有一段长46厘米的平雕纹饰图案，分为3组：最下一组为前后对称的人头，人头上戴冠，耳饰有三角形耳坠。前后人头上下各有两周线纹，人头间用双钩形纹饰相隔。

上端的两组图案相同，下方为两背相对的鸟。上方为两背相对的鱼，在鱼的头部和鸟的颈部上压有一支箭，表现鸟驮负着被箭射中的鱼飞翔而来。由此推测，这支金杖可能是蜀王鱼凫氏的权杖。

古蜀王国用金杖标志至高无上的统治权力，这同中原夏、商、周三代用鼎作为最高权力的标志物是全然不同的。

另外，在三星堆遗址发现的铜胎敷金面罩是用金箔在铜头像上捶拓而成，也可能原是粘在铜头像上的。大小和造型风格与一起的铜像相同。面罩双眉、双眼及口部镂空，鼻部凸起。

三星堆的金面罩可能根本就不是面罩，它是古蜀人为青铜头像装点的黄金的皮肤。

这些人可能具有特殊的身份，就跟那些铜像一样，表达着某种特定的含义。

这种用黄金来表现除了眼睛、眉毛以外的皮肤这些部分，可能要说明这个铜人头像具有不同于其他人头像的特殊身份。

另外，三星堆遗址中还有很多珍贵的遗物，如青铜兽首冠人像、青铜人面具、金箔虎形饰、金箔鱼形饰以及玉璋、玉琮等。

青铜兽首冠人像仅存人像上半身。残高人像头戴兽面冠，冠顶两侧有两兽耳耸立，中间有一呈象鼻卷曲状的装饰物。人像造型和手姿与青铜立人像相似。长刀眉，栗状眼，三角形鼻，长方耳，耳垂穿孔。阔口，闭唇，方颐，颈部长直。

人像两臂平抬，两手似握有琮，右手在上，左手在下。人像身穿对襟衣服，腰间系带两周，带在腰前打结。衣服为镂空的纹饰，上身前后为云雷纹，两肘部为变形的夔龙纹。

青铜人脸宽短，宽额，三角形鼻，鼻梁短直，鼻头肥大，长方形耳郭，饰云雷纹，耳垂穿孔。长刀眉，杏眼，方颐，阔口，闭唇，嘴角下钩，下颌向前斜伸。额正中及耳上下各有一个穿孔。

金箔虎用金箔捶拓而成。巨头，昂首，口大张，眼镂空，大耳，身细长，饰虎斑纹，前足伸，后足蹲，尾

019

世界奇迹

三星堆与遗物

■ 三星堆出土的青铜神坛

上卷，呈咆哮状。

金箔鱼形饰，该器物为挂饰，形似鱼，又似璋器，一端由后至前呈弧形向两侧宽出，中间也呈弧形向两侧分开；另一端呈钝角形，中间有一小圆孔，两侧各开一缺口。

玉璞自然砾石，不规则形，表面呈栗红色，质地坚硬。一面将玉皮磨平，皮下为浅黄色。挑选玉料的常见方法是，从河沟内将采集的标玉磨去玉皮以观察玉的质地。该玉料未经进一步加工，故称玉璞。

玉琮呈黄绿色。半透明，局部有橘红色斑点，一面有瑕口。玉琮身内圆外方，四边委角较圆，两端射部较矮。四方正中阴刻平行线，另在转角处刻出平行横线，分上、中、下3组，每组5条。

石蟾蜍呈灰白色，石质较软。器身基本完好，仅一腿残断。蟾蜍姿势呈爬行状，头前伸，口微张，露齿，周身满布疙瘩。传说月宫中有3条腿的蟾蜍称为月神。此蟾蜍缺一腿，颇耐人寻味。

石琮全器被火烧，呈鸡骨白色，一端射孔部略残。外方内圆，射呈八菱。

阅读链接

三星堆于1929年初次被发现，1986年发掘之初，在两个神秘的器物坑里，考古专家发现了大量造型奇特、美妙绝伦的青铜人头像、面具、青铜礼器及玉石器。

这一发现，立刻在世界范围内引起轰动，三星堆遗址由此被誉为当时最重要的考古发现之一。由于出土文物不见于任何文字记载，三星堆文化成为一个巨大的谜团，猜想与争议从此开始。

1988年1月，该遗址群被公布为全国重点文物保护单位。1992年8月，三星堆遗址博物馆奠基，1997年10月建成，正式对外开放。

曾侯乙墓与编钟

　　湖北随州发现2400多年前战国初期的曾侯乙墓，最为引人注目的是124件精美乐器，包括编钟等8种，被誉为先秦时期的"地下乐宫"，其中出土的编钟被誉为"稀世珍宝"。

　　曾侯乙墓葬不但有我国古代最完整、最大的一套青铜制曾侯乙编钟，还出土了其他乐器、礼器、漆器等随葬品共1.5万多件。

　　墓葬展示了那个时代的冶铁铸造水平、音乐发展水平等文明成果，是研究那个时代政治、经济、文化等方面的宝贵资料。

曾侯乙墓 Tomb of Marquis Yi of Zeng

曾侯乙墓来历神奇

■ 编钟上的镈

曾侯乙，姓姬名乙。据推定，他大约生于公元前475年，卒于公元前433年，是战国时期南方小国的国君。他不仅是一位熟谙车战的军事家，也是一位兴趣广泛的艺术家。

周朝在随国、曾国都封有同姓诸侯，在随州义地岗季氏梁一座春秋中期的墓葬中发现有两件铭文铜戈，器主季怡为曾国公族、曾穆侯之子西宫的后人。铭文中季怡自称"周王孙"，证明曾侯本是周王的宗支。

据此推断，曾国为姬姓封国，作为其国君的曾侯乙与周天子同姓毋庸置疑，故曾侯乙也可称为"姬乙"。

从楚惠王送给曾侯乙的一件青铜镈上的31字铭文看，曾侯乙死于公元前433年或稍晚，通过对其尸骸的碳-14测定，可以推定曾侯乙的死亡年代在公元前433年至公元前400年，他死时年龄在42岁至45岁。

综合考虑，曾侯乙应当生于公元前475年或稍晚，约在公元前463年前后成为诸侯王，在位约30年。

曾侯乙墓的遗物都表明，曾侯乙生前非常重视乐器制造与音律研究，同时还是擅长车战的军事家。

曾侯乙墓所在地名字叫擂鼓墩，擂鼓墩有2000多年的历史了。

相传公元前605年，斗椒继任令尹之职。斗椒大权独揽，骄横跋扈，杀死主管军事的司马，趁楚庄王率军攻打随国之机，率若敖氏族人发动了叛乱。

这时，楚庄王已兵临随国城，并占领城南制高点。斗椒的叛乱使楚庄王腹背受敌。楚庄王在与斗椒的交战中连损几员大将，自己也险遭斗椒的两箭。

■曾侯乙漏铲

镈 是一种形制接近于钟的乐器，不像钟口呈弧状，为平口。器身横截面为椭圆形。现在发现的镈有3件铭文上自名镈，其他的镈形制像镈而铭文中称为钟。

养由基 姬姓，养氏，名由基，他自小会射箭，成语"百步穿杨"指的就是他。"常蹲甲而射之，贯七札，人称神。"他双手能接四方箭，两臂能开千斤弓，被称为神箭手。

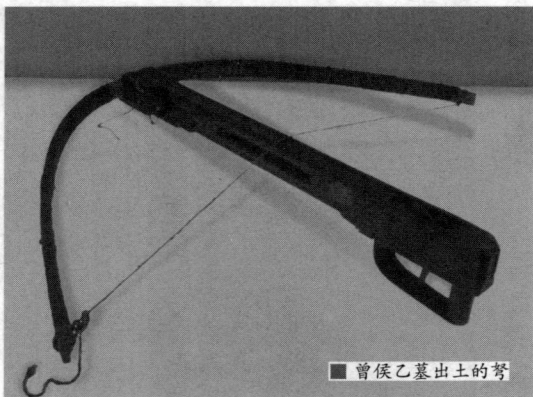
■ 曾侯乙墓出土的弩

正在危难之时，有人推荐了小将养由基，说他有百步穿杨之功。楚庄王叫养由基当场演试。

这时，恰好天上飞来一群大雁，养由基射出一箭将领头雁射落下来，人们捡来一看，正中大雁咽喉，楚庄王大喜。

第二天两军对阵时，养由基提出要与斗椒比箭，他说："我愿让你先射我3箭，倘若不中，我只射你一箭。"

斗椒连发3箭，第一箭被养由基左手抓住，第二箭被右手抓住，斗椒第三箭瞅准养由基的咽喉狠命射去，养由基略略俯身，一口咬住箭头。

养由基丢下双手箭，取下口中箭，拉满弓，一箭射中斗椒咽喉。这时，叛军大乱，楚庄王亲自擂起战鼓，全歼叛军。楚庄王擂鼓处的高地从此便叫擂鼓墩。

这段神奇的传说在当地流传甚广。

擂鼓墩因为有那一段神奇的传说，历代县志均有记载，于是，便用"擂鼓墩"来为此墓冠名，将这个墓葬编号为随州擂鼓墩一号墓。

古人非常重视墓址的选择，认为墓地风水决定自己在阴间生活的幸福指数，甚至决定家族后代的兴衰。

曾侯乙作为国君，当然对此更为重视，也更有条件挑选一个中意的地点作为自己灵魂安息的地方。曾侯乙选择擂鼓墩作为墓址，是综合考虑了地理环境、地层岩性、地质构造等多种因素决定的。

整个古墓群地带位于山峦起伏的丘陵上，山势走向为近南北走向垄岗地形，自西北蜿蜒而来，至此已到丘陵尽头。从最高处的厉山神农洞到擂鼓墩，山脉没有间断，99座山冈相连。

从东部的岗丘西望，擂鼓墩古墓群恰似一条巨龙仰卧在厥水西岸，曾侯乙墓所处的东团坡位于龙首，整个墓群高出河边平地约20米。向东约700米，有自北往南流过的厥水，向南约2.5千米，有自西往东而来的涢水，两水在擂鼓墩的东南方向汇合。

擂鼓墩以其奇特的地形地貌，成为数百位国君和贵族的安息地。

在方圆4平方千米的擂鼓墩墓群范围内，均为红砂岩层地质构造。所有墓圹均为岩坑竖穴。墓群范围内均为高低起伏的丘陵，无一座高山，都处于厥水西岸的丘陵上，且顺着山脉走向依次排列。

墓群的东侧紧临河边冲积平原，西侧为高低起伏的岗丘，再西边也是冲积平原。在曾侯乙墓西100米左右，还有一个比它略小的山包西团坡，此坡也为红砂岩地层，与曾侯乙墓所在的东团坡平行由北向南延缓。

■ 古代战马铠甲

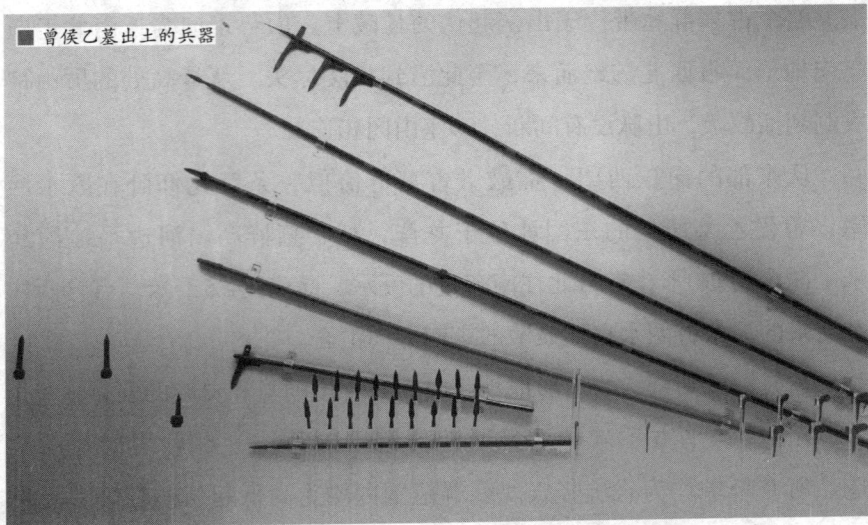
■ 曾侯乙墓出土的兵器

　　在曾侯乙墓以北2千米处发现了王家包、蔡家包两处大型墓葬。从墓葬的形制和规模看，也应该是国君之墓，均保存完好。另外，还发现了吕家塝、王家湾、庙凹坡墓地。因此，擂鼓墩古墓群的面积由原来的0.75平方千米扩展至5.08平方千米。

　　红砂岩地层犹如铺在大地上的红地毯，真有布秀呈祥之气。风水中的穴、砂、水、向"四灵"，这里都占有。

　　这正是擂鼓墩古墓数量众多的缘故，也是曾侯乙选择这里作为自己墓址的原因。

　　曾侯乙墓的各类随葬的物品多达1.5万件，其中有一件是青铜制的煎鱼盘，盘下放着木炭，盘上有一条鱼，鱼肉虽然已经腐烂消失，从鱼骨头的形态来看，这是一条鲫鱼。

　　我国的烹调技术素来闻名于世，烹饪讲究色香味，讲火功，讲制作，讲调味。但是整个人类的烹饪有一个发展过程，最开始是生食，除了植物以外，还有"茹毛饮血"；进而发展到熟食，熟食由直接火烤再发展到煮，最后再到蒸。

　　在烹饪技术中，单是烧、烤、煮、蒸，是难以满足人们对色香味的追求。只有发展到煎炒，讲求火功，这一点才能做到。从新石器时代开始，就已有鬲、鼎、釜这类蒸煮之器，还没有发现煎炒之器。

而曾侯乙墓中的煎鱼盘，说明这个小国的君主曾侯乙在吃鱼方面已讲究煎炒的吃法了。

所以，曾侯乙墓中的煎鱼盘，也说明我国至少在东周时代已有了煎炒等烹饪的方法了，以后烹饪方法的不断改进，才做出了品种多样的菜肴来。

鱼本身有一种腥味，源于鱼体内含有一种叫三甲胺的物质。在2000多年前曾国的曾侯乙，他的厨师在烹调时却放入了一些梅来消除鱼腥味。

在曾侯乙墓出土的鱼骨中，就掺杂有不少这种梅核。这一方法，在我国的烹调史上，可能是比较早的实物资料了。

曾侯乙的侍卫们特别为其国君随葬两鼎鱼，并置备一件煎鱼用的随葬品，自然是基于国君生前特别的爱好。

早在北宋，就在湖北安陆的一些地方出土过两件有铭文的曾侯钟，铭文内容几乎与曾侯乙墓的铸钟铭文相同。

后来那件曾侯钟丢失了，但有关于铭文的拓片却流传了下来。而在

釜 是战国时期秦人使用的一种饮食器。形制近似于现在的罐，敛口束颈，口有唇缘，鼓腹圆底，口径小于腹径甚多，肩部有两个环状耳。

■ 三足鼎 鼎是我国青铜文化的代表。鼎在古代被视为立国重器，是国家和权力的象征，也是旌功记绩的礼器。周代的国君或王公大臣在重大庆典或接受赏赐时都要铸鼎，以旌表功绩，记载盛况。最早的鼎是黏土烧制的陶鼎，后来又有了用青铜铸造的铜鼎，有三足圆鼎，也有四足方鼎。

■ 曾侯乙墓展厅的青铜镬鼎

蟠虺纹 青铜器纹饰之一，又称"蛇纹"。以盘曲的小蛇的形象，构成几何图形。有的做二方连续排列，有的构成四方连续纹样。一般都做主纹应用。商末周初的蛇纹，大多是单个排列；春秋战国的蛇纹大多很细小，作盘旋交连状，旧称"蟠虺纹"。

安徽寿县朱家集楚王墓也发现一对有铭文的大型曾姬壶。

其形制为方口，有盖，盖有四"S"形纽，长颈，垂腹，方圈足。颈部附两虎形耳。盖上、颈部、圈足部均饰蟠虺纹。

曾姬壶两件壶铭相同，皆铸于壶口内壁，包括合文内容是：

> 作：佳（唯）王廿又六年，圣之夫
> 人曾姬无卹，（吾）宅兹漾陵，蒿间之无
> （圊），用乍宗彝尊壶，后嗣甬（用）之，
> （职）在王室。

铭文涉及了曾国的历史及曾楚两国的关系。曾侯乙墓表明在战国初年汉水以东地区，存在以"曾"为

名的诸侯国。

随州城郊季氏梁一座春秋墓中有两件青铜戈，其中一件铭文为："周王孙季怡孔臧元武元用戈"；另一件铭文为："穆侯之子西宫之孙，曾大攻尹季怡之用。"后又表明此曾国为姬姓曾国。

同时，在湖北枣阳、京山、襄阳及河南省的新野等地区也有铭文显示属于曾国的铜器。但我国古籍记载的曾国地点却不在那一带，而那一带据记载曾有一个随国。

于是就有了"曾随合一"说，人们作出了不少推测：一种看法认为曾、随是同一国家，属于一国两名。

首先，铜器铭文中的曾国与文献记载中的随国族姓相同，均为姬姓封国。曾为姬姓，这已经得到了证实。而随的姓氏，也多见于文献记载。

《春秋左传正义》引《世本》说："随国，姬姓。"高诱注《淮

■ 曾侯尊盘

南子·览冥训》"随侯之珠"，也称随为姬姓。由此可见，曾、随都是姬姓，即两者姓氏相同。

其次，地望相同，均在随枣走廊为中心的这一带；时代一致，均在西周至春秋晚期或战国早期。曾国青铜器的年代，从东周初至战国时期的都有，有的可能还早至两周之际。类似情况我国历史上并不少见，如楚又称荆，魏又称梁，韩又称郑等。

再次，随国灭曾国、延姬姓宗嗣。早期曾国已被楚所灭，楚灭随以后，又在随地分封了一个曾国。据文献记载，随州及其附近地区在春秋和战国初年为随国之地，系西周天子所封的姬姓诸侯。

根据青铜器铭文，有一个曾国也为姬姓。因为在春秋前期，楚国逐渐强大，随国虽然不如楚国强大，却也是汉水东面的大国。

湖北省博物馆藏曾侯乙墓出土的九鼎八簋

　　它常常同附近的一些小国联合起来抗拒楚国，楚、随之间经常征战。但在公元前640年，随联合汉东诸侯叛楚，楚国斗谷于菟率兵伐随，结果两国达成请和，随成了楚国的属国。

　　至公元前506年，吴人侵楚，楚昭王出奔抵随，随侯保护了楚昭王，从此楚、随关系发生了重大变化，由敌视变为友好，随国也因此强大起来。它仗着楚国的支持灭了姒姓的曾国，并迁都于曾，也就是西阳，并自称为"曾"，因之姒姓的曾国变为姬姓的曾国了。

　　最后，就认为是曾灭随。根据史籍记载，在周初曾经有3个曾国，分别写作曾、鄫、缯，写法不同，实际只是一个曾氏，是一个很古老的民族，史册上所记载的3个曾国都是它的后裔。但它们后来都被别国所灭。

　　随国以前曾经是汉水东面的一个姬姓的诸侯国，封地在两湖盆地的东北方向，是这一带地域比较广阔的一个国家，《左传》中有"汉东诸国随为大"的说法。

　　楚国虽说是周天子封的一个异姓诸侯国，但是在接受册封之后却

曾侯乙墓出土的曾侯乙豆

考古遗珍
中国的十大考古发现

一天天壮大起来。史籍中就有着楚国和随国友好往来的记载。但是楚国对随心存戒备，在无数次征战之后，即使花费了特别大的代价，也没有将随国除掉，随国就成了楚国的心腹之患。

权衡了各种利害关系之后，楚国派遣曾氏进入随国，进行各种间谍活动，并成功把姬姓的随国变成了曾氏的随国，从此之后楚国和这个新的随国永远结束了战火连天的历史，取而代之的是血脉相连、生死与共的关系。

后来便有了楚昭王奔随，随国誓死保护楚国的事情。曾侯乙墓的这个曾，正是在楚的帮助下灭了随国而建立起来的曾国。

阅读链接

1977年9月底，驻湖北省随州城郊擂鼓墩空军某部后勤雷达修理所进行营房扩建。一天上午，随州南郊擂鼓墩七组的20多位村民和往常一样挖土，挖着挖着，有个民工在离地面两三米深的地方，忽然发现了20余件古代青铜器。

1978年春，随州爆出了一条轰动全国乃至世界的新闻：在城西2000米一个叫擂鼓墩的地方，发掘了一座战国早期的大型木椁墓葬，即曾侯乙墓。

墓中出土了大量精美的文物，其中许多造型奇特、工艺精湛的文物是前所未见的珍品。

曾侯乙墓神奇的编钟

　　在曾侯乙墓中最为辉煌堪称"国之瑰宝"的要数庞大的乐器组合编钟了。曾侯乙编钟是我国发现数量最多、保存最好、音律最全、气势最宏伟的一套乐器编钟。

■ 曾侯乙编钟

■ 曾侯乙编钟局部

考古遗珍

中国的十大考古发现

钟是一种打击乐器，用于祭祀或宴饮时。最初的钟是由商代的铜铙演变而来，按其形制和悬挂方式又有甬钟、钮钟、镈钟等不同称呼。频率不同的钟依大小次序成组悬挂在钟架上，形成合律合奏的音阶，称之为编钟。

音的高低和钟的大小直接相关。商代的钟为3枚一套或5枚一套，西周中晚期有8枚一套的，东周时增至9枚一套或13枚一套。春秋战国时期编钟风靡一时，和其他乐器如琴、笙、鼓、编磬等，成为王室显贵的陪葬重器。

曾侯乙编钟数量多、规模大，按大小和音高为序编成8组，悬挂在3层满饰彩绘花纹的铜木结构的钟架上。编钟的形体和重量是上层最小，中层次之，下层最大。最小的一件重2400克；最大的一件重203.6千克。它们的总重量在2500千克以上，重量和体积在编钟中是罕见的。

编钟的钟架为铜木结构，呈曲尺形，由6个佩剑的青铜武士和几根圆柱承托着。横梁木质，绘饰以漆，横梁两端有雕饰龙纹的青铜套。

中下层横梁各有3个佩剑铜人，以头、手托顶梁架，中部还有铜柱加固。铜人着长袍，腰束带，神情肃穆，是青铜人像中难得的佳作。以铜人作为钟座，

浮雕 是雕塑与绘画相互结合的产物，采用压缩的方法来对对象进行处理，展现三维空间，并且可以一面或者是两面进行观看。浮雕一般是附着在另一个平面上，所占空间小，所以经常用来装饰环境。浮雕的主要材料有石头、木头、象牙和金属等。

使编钟更显华贵。

最上层3组19件为钮钟，形体较小，有方形钮，篆体铭文，但铭文呈圆柱形，枚为柱状，字较少，只标注音名。

中下两层钟是编钟的主体部分，分为3组，这3组钟形制各异，第一套称为"琥钟"，由11枚长乳甬钟组成；第二套称为"赢司钟"，由12枚短乳甬钟组成；第三套称为"揭钟"，由23枚长乳甬钟组成。甬钟有长柄，钟体遍饰浮雕式蟠虺纹，细密精致。

钟上有错金铭文，除"曾侯乙作持用终"外，都是关于音乐方面的。在鼓中部和左面标出了不同音高，如宫、羽、宫曾等22个名称；另一面铸有律名、调式和高音名称以及曾国与楚、周、齐、晋的律名和音阶名称的对应关系。

气势磅礴、雄伟壮观的65件曾侯乙编钟里有一件

琴 古代弦乐器，又称瑶琴、玉琴。最初是五根弦，后加至七根弦。古琴的制作历史悠久，许多名琴都有可供考证的文字记载，而且具有美妙的琴名与神奇的传说。琴，作为一种特殊的文化，概括与代表着古老神秘的东方思想。古琴，目睹了中华民族的兴衰，反映了华夏传人的安详寂静、洒脱自在的思想内含。

■ 曾侯乙墓出土的编钟

考古遗珍

中国的十大考古发现

■ 湖北省博物馆里的曾侯乙编钟

铭文 又称金文、钟鼎文，指铸刻在青铜器物上的文字。与甲骨文同样为我国的一种古老文字，是华夏文明的瑰宝。本指古人在青铜礼器上加铸铭文以记铸造该器的缘由、所纪念或祭祀的人物等，后来就泛指在各类器物上特意留下的记录该器物制作的时间、地点、工匠姓名、作坊名称等的文字。

与众不同、自成一体，它叫镈钟。这件镈钟悬挂在巨大的曲尺形钟架最下层中间最显眼的位置。

镈钟形体硕大，钮呈双龙蛇形，龙体卷曲，回首后顾，蛇位于龙首之上，盘绕相对，姿势跃然浮现。器表也做蟠虺装饰，枚扁平。

镈钟形制独特，花纹繁缛，制作精美，是青铜器中的精品。镈钟中部镂刻有31字的铭文，其意思是说，公元前433年，楚惠王熊章从西阳回来，专门为曾侯乙做了这件镈钟，作为礼品送到西阳，让曾侯永世用享。

经研究发现，铭文的内容与其他钮钟、甬钟的铭文内容完全不同，没有一字是涉及乐律方面的。说明镈钟与曾侯乙编钟无关，原本就不是一套的，可能是下葬时临时加进去的，它把下层最大的一件编钟挤掉了，将其悬挂在最显眼的位置，表示对楚国的尊重。

楚国给曾国送如此厚重的礼品，说明曾楚两国的友好关系非同一般。春秋战国时期，楚国是七雄中的强国，在楚怀王以前，楚国是相当强大的，所以苏秦说："地方五千里，带甲百万，车千乘，骑万匹，支十年。"

如此强大的楚国为什么会给小小的曾侯送那么厚重的礼品呢？

《史记·楚世家》记载了楚昭王奔随这个故事：公元前506年，吴王阖闾和他的兄弟夫概率兵攻打楚国，五战获胜，最后攻破了楚国的都城郢，即现在的江陵。

当时，吴国手握军事大权的统帅伍子胥也参与了这次伐楚战争，占领楚国后，伍子胥和伯嚭大夫为了报杀父之仇，于是命士兵将楚平王的坟墓掘开，拖尸于棺外，用皮鞭抽打其尸体，然后暴尸于荒野。

大夫 古代官名。西周以及先秦诸侯国中，在国君之下有卿、大夫、士三级。大夫世袭，有封地。后世遂以大夫为一般任官职之称。秦汉以后，中央要职有御史大夫，备顾问者有谏大夫、中大夫、光禄大夫等。至唐宋尚有御史大夫及谏议大夫之官，明清时废。又隋唐以后以大夫为高级官阶之称号。

■ 曾侯乙墓编钟局部特写

■ 曾侯乙墓出土的编钟

云梦泽 因"云梦"而得名，但两者并非指同一概念。春秋时，梦在楚方言中为"湖泽"之意，与薄相通，由于长江泥沙沉积，云梦泽分为南北两部分，长江以北成为沼泽地带，长江以南还保持着浩瀚的水面，称之为洞庭湖，洞庭湖也古称云梦。

破城之时，楚昭王慌忙从郢都逃到云梦泽，被吴军射伤。楚昭王又急忙逃到郧国，郧国国君的弟弟认为楚昭王不仁不义，要杀他。于是，楚昭王来不及喘息，再次逃到随国，这就是古代历史上有名的"楚昭王奔随"。

吴王阖闾听说楚昭王逃到随国，立即率众兵赶往随国。这时候随侯，即曾侯紧闭城门，调遣兵力，加强防卫。

吴王阖闾赶至城下对随侯说："周天子的子孙，分封在江汉流域的，都被楚国灭掉了，你国迟早也会被楚国灭掉，还是早点把他交出来，让我杀掉他。"

吴王阖闾要率兵亲自进城寻找，随侯坚决不肯，并说："随与楚国世代友好，你不要再说了。楚昭王不在随国，他已经逃走了。"

吴王没办法，只好带兵离开随国回楚都郢去了。

就这样随侯保护了楚昭王，楚昭王因此而感激随侯。

恰在这时，楚国的援军赶到了，将吴军打得大败，吴王阖闾的弟弟夫概见大势已去，自己带兵回到吴国自立为王了。

吴王阖闾得知这一消息后，慌忙带兵离开了楚国的郢都回到吴国。楚昭王因此得以保全了性命，回国复位。

镈钟铭文上的楚惠王熊章正是楚昭王的儿子。为了报答曾侯乙的救父之恩，楚惠王才将如此精美的镈钟送给了他。

江汉诸国尽灭于楚，唯曾独存，也可能就是因为曾、楚两国世代友好的原因。

与曾侯乙编钟相伴的有一套编磬，是古编磬中的杰出代表。青铜镏金的磬架，呈单面双层结构。

编磬的主架为青铜错金磬架，是由一对圆雕集龙首、鹤颈、鸟身、鳖足为一体的怪兽铜立柱，咬合着两根铜杆作为横梁，兽顶插附的立柱从腰、顶两处与横梁榫接。横梁杆底等距有焊铸铜环，用于挂磬钩，

磬 是一种石制的击乐器，是我国最古老的民族乐器，它造型古朴，制作精美，形状大多呈上弧下直的不等边三角形。磬乐器历史非常悠久，它在远古时期的母系社会，曾经被称为"石"和"鸣球"。石磬是以坚硬的大理石或玉石制成，其次是青石和玉石。石磬上作倨句形，下作微弧形。石磬大小厚薄各异，石质越坚硬，声音就越铿锵洪亮。

■ 曾侯乙墓中出土的独特编钟

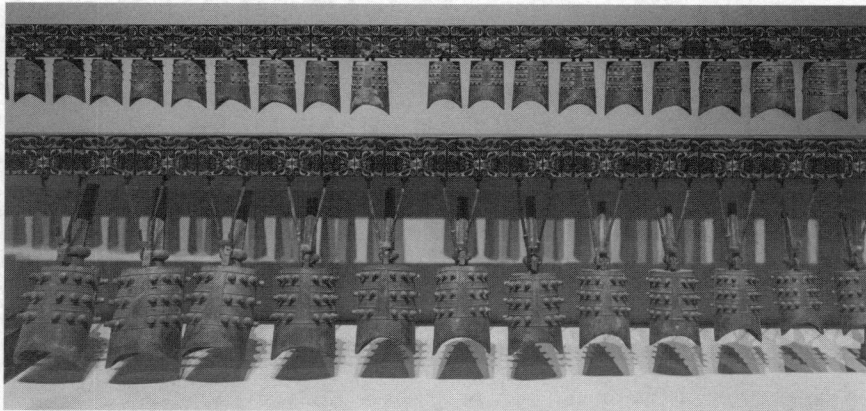

磬架施线条流畅的错金云纹。

据研究，全架编磬原有41块，每磬发一音，为12半音音列，音域跨3个8度，音色清脆明亮而独具特色。

磬块上也有与钟铭相通的墨书和刻文，内容是编号、标音及乐律理论。

其精美的磬架、众多的磬块、明确的编悬状态、完备的配件，还有配套的装磬之匣和磬槌，均为世上罕见。

曾侯乙编磬的规模最大，制作工艺是最高超的，音乐性能是最好和最完善的，磬音铿锵、清越、明亮、穿透力强；音量虽不如钟大，但不易被钟声所掩。

曾侯乙编磬展示了3个8度的音乐风貌，丰富的半音显示了旋宫转调的功能。更令人惊叹的是其中的最高音竟与钢琴的最上一键相同。

它与编钟合奏，真谓金石齐鸣，悦耳动听，充分反映了古代设计制造定音乐器方面的辉煌成就，也加深了人们对古代宫廷乐队音域范围和演奏水平的认识。

据研究、推想，曾侯乙编钟演奏时应由3名乐工，执丁字形木槌，分别敲击中层3组编钟奏出乐曲的主旋律，另有两名乐工，执大木棒撞击下层的低音甬钟，作为和声。

阅读链接

曾侯乙编钟现藏于武汉市的湖北省博物馆内。虽然在地下埋藏了2400多年，但编钟的音质还是很好。编钟的出土令世界震惊。

曾侯乙编钟是我国古代文明的优秀结晶，它的出土填补了我国在考古学、音乐史和冶炼史上的许多空白，在国内外学术界都享有很高的声誉。

此后，随州也因此而被称为"古乐之乡"。

秦始皇陵与兵马俑

　　秦始皇陵位于陕西西安临潼的骊山脚下，陵冢高约87米，陵园布置仿秦都咸阳，分内外两城，内城周长约3.8千米，外城周长约6.2千米，是世界上规模最大、结构最奇特、内涵最丰富的帝王陵墓之一。其工程之浩大、气魄之宏伟，创历代封建统治者奢侈厚葬的先例。

　　秦始皇陵兵马俑的发现是我国最壮观的考古成就之一，充分展现了2000多年前我国人民巧夺天工的艺术才能，是中华民族的骄傲和宝贵财富，被誉为"世界第八奇迹"。

秦始皇陵气魄宏伟

　　秦始皇嬴姓，赵氏，名政，秦庄襄王之子，公元前259年出生于赵国邯郸，公元前246年13岁即立秦王位，22岁亲政。

　　秦始皇是我国历史上一位杰出的政治家、军事家。他先后灭掉了

卒俑和马俑

韩、赵、魏、楚、燕、齐6个诸侯国，彻底结束了战国群雄割据的历史，建立了我国历史上第一个统一的、多民族、中央集权的郡县制的秦王朝。

秦始皇这位叱咤风云的旷世君主，不仅为后人留下了千秋伟业，还留有一座神秘莫测的皇家陵园。秦始皇帝陵是我国第一座皇家陵园，以其规模宏大，埋藏丰富著称于世。

秦始皇陵工程之浩大、气魄之宏伟，创历代封建统治者奢侈厚葬的先例。

秦始皇陵南依骊山的层层叠嶂之中，山林葱郁。北临逶迤曲转，似银蛇横卧的渭水之滨。高大的封冢在巍巍峰峦环抱之中与骊山浑然一体，景色优美，环境独秀。

陵墓规模宏大，气势雄伟，陵园总面积为56.25平方千米。陵上封土原高115米，后余76米。

陵园内有内外两重城垣，内城周长3840米，外城周长6210米。内外城郭有高8米至10米的城墙，尚残留遗址。墓葬区在南，寝殿和便殿建筑群在北。

战国时期一些国君陵园的营造往往都少不了平面设计图。秦始皇陵园的营建按理也应该有平面规划图，而制图之前先要选择墓地。

骊山以它特有的温泉和风景而闻名于世。西周末年的周幽王与爱妾褒姒曾在这里演出了一场"烽火戏诸侯"的历史闹剧，从而葬送了西周王朝。

烽火戏诸侯 相传西周末年，周幽王娶了一位貌若天仙的女子名曰褒姒，可遗憾的是褒姒自进宫以来从未开颜一笑，于是周幽王便采纳了虢石父的计谋，无故点燃狼烟，引得四方诸侯前来救驾，当众诸侯汗流浃背赶来时，褒姒看见众臣的狼狈样，果真"扑哧"一声笑了。公元前771年，犬戎入侵西周。当周幽王再次点燃烽火时，却无人来救，西周至此灭亡了。

044

考古遗珍

中国的十大考古发现

■ 秦始皇陵博物馆里的兵马俑

相传秦始皇生前在骊山与神女相遇，游览当中欲戏神女，神女盛怒之下，朝他脸上唾了一口，秦始皇很快就长了一身的烂疮。

虽然这是一个神话故事，但隐隐约约可以看出秦始皇与骊山似乎有些缘分。

古人把墓地的选择看作是一件造福子孙后代的大事，尤其像秦始皇这样企图传之于万世的封建帝王，自然对墓地的位置更加重视。

秦始皇之所以要安葬在骊山之侧，据北魏时期的郦道元解释：

> 秦始皇大兴厚葬，营建冢圹于骊戎之山，一名蓝田，其阴多金，其阳多美玉，始皇贪其美名，因而葬焉。

不过也有人认为，秦始皇陵选在骊山之阿是取决于当时的礼制。陵墓位置的确立与秦国前几代国君墓的位置不无关系。秦始皇先祖及太后的陵园葬在临漳

■ 气势恢宏的兵马俑

县以西的芷阳一带，秦始皇陵园选在芷阳以东的骊山之阿是当时的礼制所决定的，因为古代帝王陵墓往往按照生前居住时的尊卑、上下排列。

大约自春秋时代开始，各诸侯国国君相继兴起了"依山造陵"的风气。许多国君墓不是背山面河，就是面对视野开阔的平原，甚至有的国君墓干脆建在山巅之上，以显示生前的崇高地位和皇权的威严。

春秋时期的秦公墓也受这种观念的影响，有的"葬西山"，有的葬在陵山附近。战国时期的秦公墓依然承袭了依山造陵的典范，而秦始皇陵墓造在骊山之处也完全符合依山造陵的传统观念。它背靠骊山，面向渭水，而且这一带有着优美的自然环境。

整个骊山唯有临潼县东至马额这一段山脉海拔较高，山势起伏，重峦叠嶂。

从渭河北岸远远眺去，这段山脉左右对称，似一

礼制 我国历史悠久，拥有五千年文明，号称礼仪之邦。古代社会与国家管理方式既非法制社会，也非通常人们认定的人治社会，而是礼法社会。礼制是德治梦想的具体化，通过礼仪定式与礼制规范塑造人们的行为与思想；通过法律的惩罚来维护礼法的绝对权威。

考古遗珍

中国的十大考古发现

■ 辛俑和马俑

《史记》 由西汉司马迁撰写的我国第一部纪传体通史，记载了上自上古传说中的黄帝时代，下至汉武帝太史元年间共3000多年的历史。与《汉书》《后汉书》《三国志》合称"前四史"。与宋代司马光编撰的《资治通鉴》并称"史学双璧"。

巨大的屏风立于始皇陵后，站在陵顶南望，这段山脉又呈弧形，陵位于骊山峰峦环抱之中，与整个骊山浑然一体。

在秦始皇陵的东侧，有一道人工改造的鱼池水，《水经注》曾记载：

水出骊山东北，本导源北流。后秦始皇葬于山北，水过而曲行。东注北转，始皇造陵取土，其地于深，水积成池，谓之鱼池也，池水西北流途经始皇冢北。

可见鱼池水原来是出自骊山东北，水由南向北流。后来修建秦始皇陵时，在陵园西南侧修筑了一条东西向的大坝，坝长1千余米，一般宽40多米，最宽处达70余米，残高2米至8米，它就是人们通常所说的五岭遗址。

正是这条大坝将原来出自骊山东北的鱼池水改为西北流，绕秦始皇陵东北而过。

可见当年的温泉与西北的鱼池水相对应。由此不难发现秦始皇陵的风水特点是南面背山，东西两侧和北面形成三面环水之势。

另外，如果从高空俯瞰，自骊山到华山好像一条龙，秦始皇陵正好位于龙头眼睛的位置。我国自古就有"画龙点睛"之说，到底是古人有"高瞻远瞩"的本领，还是后人附会之风过重？

秦王朝是我国历史上辉煌的一页，秦始皇陵更集中了秦代文明的最高成就。秦始皇把他生前的荣华富贵全部带入地下。秦始皇陵地下宫殿是陵墓建筑的核心部分，位于封土堆之下。

据《史记·秦始皇本纪》记载，陵墓一直挖到地下的泉水，用铜加固基座，上面放着棺材。墓室里面放满了奇珍异宝。墓室内的要道机关装着带有利箭的弓弩，盗墓的人一靠近就会被射死。

墓室里还注满水银，象征江河湖海；墓顶镶着夜明珠，象征日月星辰；墓里用鱼油燃灯，以求长明不灭。

■修复中的兵马俑

■ 兵马俑博物馆的铜车马俑

　　陵墓地宫面积约18万平方米，中心点的深度约30米。陵园以封土堆为中心，四周陪葬分布众多，内涵丰富，规模空前，除闻名遐迩的兵马俑陪葬坑、铜车马坑之外，还有大型石质铠甲坑、百戏俑坑、文官俑坑以及陪葬墓等六百余处，陪葬物多达10万件。

　　秦始皇陵共发现10座城门，南北城门与内垣南门在同一中轴线上。坟丘的北边是陵园的中心部分，东西北三面有墓道通向墓室，东西两侧还并列着四座建筑遗迹，可能是寝殿建筑的一部分。

　　秦始皇陵园分内城和外城两部分。内城呈方形，周长4千米左右，北墙有两门，东、西、南3面墙各有一门。外城呈矩形，周长6千余米，四角各有门址一处。

　　内、外城之间有葬马坑、珍禽异兽坑、陶俑坑。陵外有马厩坑、人殉坑、刑徒坑、修陵人员墓葬400多个，范围广及50多平方千米。陵墓地宫中心是安放秦始皇棺椁的地方。

　　在陵园西侧发现青铜铸大型车马两乘，这些按当时军阵编组的陶俑、陶马为研究秦代军事编制、作战方式、骑步卒装备提供了形象的实物资料。

这组彩绘铜车马高车和安车，是我国发现的体形最大、装饰最华丽、结构和系驾最逼真、最完整的古代铜车马，被誉为"青铜之冠"。

秦始皇陵园除从葬坑外，还发现石料加工场的遗址，建筑遗物有门砧、柱础、瓦、脊、瓦当、石水道、陶水道等。

秦陵工程的设计者不仅在墓地的选择方面表现了独特的远见卓识，而且对陵园总体布局的设计也是颇具匠心。

整个陵园由南北两个狭长的长方形城垣构成。内城中部发现一道东西向夹墙，正好将内城分为南北两部分。

高大的封冢坐落在内城的南半部，它是整个陵园的核心。陵园的地面建筑集中在封土北侧，陵园的陪葬坑都分布在封冢的东西两侧。形成了以地宫和封冢为中心，布局合理，形制规范的帝王陵园。

秦始皇陵园的地面建筑主要分布在封土北侧和封土西北的内外城垣之间。地面上的主要遗迹就是那座高大如山的封冢。

当年那长达10千米的内外夯土城垣早已残缺不全了，只有内城西墙残存的一段城墙。有当年那一座座宏伟的地面建筑早在2000多年前就遭到项羽的焚烧，但地面建筑的废墟还没有完全被破坏。

封土北侧的地面建筑群已探明的有3处，其中靠近封土的一处建筑规模较大，形制讲究，似为陵园祭祀的寝殿。

■ 气势恢宏的士兵俑

寝殿之北还有两组规模较大的建筑群，也为寝殿。封土西北的内外城垣之间还发现一个地面建筑群。依据清理的房屋建筑来看为宫建筑。

宫建筑遗址的南北侧、西

站立卒俑

考古遗珍

中国的十大考古发现

侧还有几组地面建筑，这个区域似乎也是一个建筑群。

陵园的陪葬坑与陪葬墓基本上分布在封土西侧内外城垣之间。31座珍禽异兽陪葬坑就是位于封土西侧的内外城垣之间。

还有一座大型马厩陪葬坑、61座空墓坑和一座"甲"字形陪葬墓也分布在封土西侧的内外城垣之间。

封土东侧发现了两处陪葬坑和一处陪葬墓。这些陪葬坑与陪葬墓都分布在外城垣以东。

兵马俑相邻的西边有一座"甲"字形大墓。此外，在地宫四周的墓道附近发现了一些陪葬坑。除西墓道旁的铜车铜马坑之外，其他陪葬坑的情况尚不大清楚。

阅读链接

在凝重的绿色和高大的墓冢之间，为了让游客身临其境地感受王者的尊荣、王者的威仪，秦始皇陵上演有大型的"重现的仪仗队，即秦始皇守陵部队换岗仪式"表演和集"声、光、电"于一体的秦始皇陵陵区、陵园、地宫沙盘模型展示。

从而再现了2000多年前神秘陵园的壮观场景，展示了数十年来的考古成果，生动直观地揭示秦陵奥秘，展示其丰富内涵。

2009年6月13日，秦兵马俑一号坑进行第三次正式考古发掘，引起了海内外广泛关注。

除70余件兵马俑外，目前考古已经清理出战车遗迹两乘、战马8匹、青铜镞等兵器和大量的车部件等。

秦始皇陵形制富有特点

秦始皇陵充分表现了2000多年前我国人民巧夺天工的艺术才能，是中华民族的骄傲和宝贵财富。其巨大的规模和丰富的陪葬物居历代帝王陵之首。

它在整体布局上，也与其他国君的陵园相比有着鲜明的特点。

秦始皇陵城，整个布局一目了然，可分为4个层次，首先是地下宫城，即地宫为核心部位，其他依次为内城、外城和外城以外，主次分明，集中体现了"事死如事生"的礼制，规模宏大，气势雄伟，结构独特。

秦兵马俑一号坑鞍马俑

秦陵地宫位于内城南半部的封土之下，相当于秦始皇生前的"宫城"。

秦始皇陵兵马俑博物馆的俑坑

《史记》记载"以水银为百川江河大海，机相灌输。上具天文，下具地理"。经探测，地宫之上确实存在一超出正常值数倍的强汞异常区。

其次是内城。内城是秦陵园的重点建设区，内城垣内的地面地下设施最多，尤其是内城的南半部较为密集。地下宫城、寝殿及车马仪仗、仓储等众多的陪葬坑均在内城的南半部。

内城北半部的西区是便殿附属建筑区，东区是后宫人员的陪葬墓区。这种布局清晰地说明：内城南部为重点区，北部为附属区。而南北两部设施的内涵，均属于宫廷的范围。

再次是外城，即内外城垣之间的外廓城部分，其西区的地面和地下设施最为密集。东区的南部有一大型陪葬坑，发现了大批石铠甲及少数车马器，而"百戏俑"坑则在其南侧不远处。其南、北两区未发现遗迹和遗物。

这种布局说明外廓城的西区是重点区，其内涵为象征京城内的厩苑、囿苑及园寺吏舍；其与内城相比，则显然居于附属地位。最后是外城垣之外的地区。其东边除了气势磅礴的秦兵马俑坑外，还有98座小型马厩坑及众多陪葬墓。

西边则有3处修陵人员的墓地、砖瓦窑址和打石场等。北边有藏有禽兽肢体及鳖甲的仓储坑、陵园督造人员的官署及郦邑建筑遗址。南边靠近骊山则有宽约40米的防洪堤。

秦始皇陵的冢高50多米，周长2千多米，陵墓内有大规模的宫殿楼阁建筑，许多建筑以及墓穴构造都与其他的国君陵墓有着很大的区别。

从秦始皇陵遗迹看，似乎秦始皇要把生前的宫室、山河以及生平一切都带到地下世界去，而要实现这一点，非建造广阔的墓室难以如愿。据《史记·秦始皇本纪》记载：

> 大事毕，已藏，闭中羡，下外羡门，尽闭工匠藏者，无
> 复出者。

秦始皇陵兵马俑二号坑

■ 秦始皇陵博物馆里的兵马俑

徐福 即徐市，字君房，秦著名方士。他博学多才，通晓医学、天文、航海等知识，而且同情百姓，乐于助人，故在沿海一带民众中名望颇高。徐福是鬼谷子先生的关门弟子，后来被秦始皇派遣，出海采仙药，一去不返。后来，有徐福在日本的平原、广泽为王之说。

这里，既提到中羡门、外羡门，想必肯定有内羡门。这似乎表明地宫中有通往主墓的通道，工匠只能闭在中羡门以外的地方，内羡门以内才是秦始皇棺椁置放之地。

地宫是放置棺椁和随葬器物的地方，史料《汉旧仪》一书中有一段关于秦始皇陵地宫深度的介绍：

公元前210年，丞相李斯向秦始皇报告，称其带了72万人修筑骊山陵墓，已经挖得很深了，好像到了地底一样。秦始皇听后，下令"再旁行三百丈乃止"。

"旁行三百丈"一说让秦陵地宫位置更是扑朔迷离。民间曾传说秦陵地宫在骊山里，骊山和秦陵之间还有一条地下通道，每到阴天下雨的时候，地下通道里就会过"阴兵"，顿时人欢马叫，热闹非凡。

规模宏大的地宫则位于封土堆顶台及其周围以下，主体和墓室均呈矩形状。墓室位于地宫的中央。

陵墓的朝向为坐西向东，这是一个奇特的布局。因为我国古代以朝南的位置为尊，历代帝王的陵墓基本上都是坐北朝南的格局，而统一天下的秦始皇的陵墓却是坐西向东。

有人认为，秦始皇生前派遣徐福东渡黄海，寻觅蓬莱、瀛洲诸仙境，并多次亲自出巡，东临碣石，南达会稽，在琅琊、芝罘一带流连忘返，这一切无不昭示其对仙境的迫切向往。

可惜徐福一去渺无音讯，秦始皇亲临仙境的愿望终成泡影。生前得不到长生之药，死后也要面朝东方，以求神仙引渡而达于天国，大概这就是暮年秦始皇的最大愿望。基于此，秦始皇陵也就只能坐西向东了。

也有人认为，秦国地处西部，为了彰显自己征服东方六国的决心，秦王嬴政初建东向的陵墓。吞六国之后，为了使自己死后仍能注视着东方六国，始皇帝矢志不改陵墓的设计建造初衷。

还有人认为，秦始皇陵坐西向东，与秦汉之际的礼仪风俗有关。

根据有关文献记载，当时从皇帝、诸侯到上将军，乃至普通士大夫家庭，主人之位皆坐西向东。秦始皇天下独尊，为了保持尊位，陵墓的朝向便也坐西向东。

在封土堆下，墓室周围存在着一圈很厚的细夯土墙，即所谓的宫墙。经验证，宫墙东西长约168米，南北141米，南墙宽16米，北墙宽22米。

李斯（约公元前280年—前208年），秦朝丞相，著名的政治家、文学家和书法家，协助秦始皇统一天下。参与制定了秦朝的法律和完善了秦朝的制度。因其政治主张的实施对我国和世界产生了深远的影响，奠定了我国2000多年政治制度的基本格局。

兵俑工坊
秦始皇陵与兵马俑

■ 秦始皇陵兵马俑步兵列阵

　　据传说，当年在修建宫墙的施工中，为了检测用泥土夯实的宫墙是否坚硬，施工人员会站在远处用弓箭射墙，若箭能插进墙体，修好的宫墙必须推倒重建。

　　宫墙都是用多层细土夯实而成，每层大约有五至六厘米厚，相当精致和坚固。

　　宫墙顶面甚至高出了当时秦代的地面很多，向下直至封土下33米，整个墙的高度30米，非常壮观。

　　在土墙内侧，又发现有一道石质宫墙。根据探测，发现墓室内没有进水，整个墓室也没有坍塌。关中地区历史上曾遭受过8级以上的大地震，而秦始皇陵墓室却完好无损，这与宫墙的坚固程度密切相关。

　　这种宫墙是前所未有的发现，这种崭新的墓葬形式可以称为"秦陵式"。

　　除了宫墙，在秦陵周围地下存在规模巨大的阻排水渠。长约千米的阻排水渠其实是堵墙，底部由厚达17米的防水性强的清膏泥夯成，上部由84米宽的黄土夯成，规模之大让人难以想象。

阻排水渠设计相当巧妙。秦始皇陵园地势东南高西北低，落差达85米，而阻排水渠正好挡住了地下水由高向低渗透，有效保护了墓室不遭水浸。

《史记》中记载的"穿三泉"中，"三"其实是个概数，其实应该是指在施工中遇到了水淹，所以才修建了阻排水渠。充分显示了2000多年前秦人的聪明才智。

秦始皇陵地宫中不仅有水银，而且藏量非常巨大，地宫的深度达30米，足足穿过了3层地下水，地宫的高度为15米。据此推测，这些地下水银可能多达几十吨甚至上百吨。

水银最晚在战国末期已被人们发现和使用。历代帝王墓中陪葬奇珍异宝不计其数，为防后人盗掘才放入大量水银。

秦陵地宫中的水银不仅有象征意义，还有防腐作用。秦始皇陵的水银部分来自距旬阳县城约150千米，与湖北接壤处的一座水银山。

阅读链接

水银山沿公馆河延伸。地质工作者曾在公馆河发现了古代采矿留下的700余处古矿洞，而在青桐沟、砂硐沟及竹筒河也发现了数以百计的采掘遗迹，这些古矿洞有的深数百米，有的只有几十米深，大洞套小洞，小洞与支洞相连。

从古矿洞里发掘的这些文物显示，秦时旬阳就已经是一个重要的采汞重镇，运输水银可以沿古道经镇安，过柞水到达关中。旬阳是目前学术界认为的我国古代三个水银产地中距秦陵最近的一处。

旬阳有关人士认为，考虑到旬阳水银山及公馆河采矿遗址发现的秦汉时期铁镢遗物，这里可能是秦陵地宫水银的开采之地。秦陵水银来自旬阳还是一种推测，需要进一步证实，但从种种因素分析，秦陵部分水银来自旬阳的可能性很大。

秦兵马俑气势磅礴

　　在秦始皇陵墓的周围，环绕着那些气势磅礴、数量极多的陶俑。它们形态各异，连同它们的战马、战车和武器，成为现实主义的完美杰作，同时也保留了极高的历史价值。

　　兵马俑坑是秦始皇陵的陪葬坑。

　　3座兵马俑坑坐西向东，呈"品"字形排列，坑内有陶俑、陶马

秦兵马俑一号坑展厅

8000多件，还有5万多件青铜兵器。坑内的陶塑艺术作品是仿制的秦宿卫军。在地下坑道中的所有卫士都是面向东方放置的。

一号坑最大，长廊和11条过洞组成了整个坑，井然有序地排列成环形方阵。与真人马大小相同、排成方阵的6000多个武士俑和拖战车的陶马被放置在坑中。

坑东端有3列横排武士俑，手执弓弩类远射兵器，似为前锋部队，其后是6000个铠甲俑组成的主体部队，手执矛、戈、戟等长兵器，同35乘驷马战车在11个过洞里排列成38路纵队。

南北两翼的后卫部队，有武士俑500余件，战车6乘，驾车马24匹，还有青铜剑、吴钩、矛、箭、弩机、铜戟等实战用的青铜兵器和铁器。

一号俑坑东端有210个与人等高的陶武士俑，面部神态、服式、发型各不相同，个个栩栩如生，形态逼真，排成3列横队，每列70人。

其中，除3个领队身着铠甲外，其余均穿短褐，腿扎裹腿，线履系带，免盔束发，挽弓挎箭，手执弩机，似待命出发的前锋部队。

这支队伍阵容齐整，装备完备，威风凛凛，气壮山河，是秦始皇当年浩荡大军的艺术再现，具有强烈

■ 跪射俑

吴钩 春秋时期流行的一种弯刀，它以青铜铸成，是冷兵器里的典范，充满传奇色彩，后又被历代文人写入诗篇，成为驰骋疆场、励志报国的精神象征。在众多文学作品中，吴国的利器已经超越刀剑本身，上升成为一种骁勇善战、刚毅顽强的精神符号。

的艺术感染力。

在一号坑的东北约20米的地方是二号坑，它是另一个壮观的兵阵。有陶俑、陶马1300余件、战车89辆，是一个由步兵、骑兵、战车3个兵种混合编组的阵容，也是秦俑坑的精华所在，整个军阵就是秦国军队编组的缩影。

二号坑呈曲尺形方阵，坑内建筑与一号坑相同，但布阵更为复杂，兵种更为齐全，是3个坑中最为壮观的军阵。是一坐西朝东，由骑兵、步兵、弩兵和战车混合编组的大型军阵。

二号坑东、西两端各有4个斜坡门道，北边有两个斜坡门道，俑坑坐西面东，正门在东边。

二号坑大致可分为弩兵俑方阵、驷马战车方阵、车步骑兵俑混合长方阵和骑兵俑方阵4个相对独立的单元。其中将军俑、鞍马俑、跪姿射俑为首次发现。

第一单元位于俑坑东端，四周长廊有立式弩兵俑60个，阵心由八路面东的160个蹲跪式弩兵俑组成。弩兵采取阵中张阵的编列，立、跪起伏轮番射击，以弥补弩张缓慢的缺陷。

战车与随车甲俑群

第二个单元位于俑坑的右侧，由64乘战车组成方阵。每列8乘，共有8列。车前驾有真马大小的陶马4匹。每车后一字排列兵俑3个，中为驭手拉马辔，另两个分别立于车左和车右，手持长柄兵器。

第三单元位于中部，由19

辆战车、264个步兵俑和8个骑士俑组成长方形阵，共分3列。每匹马前立骑士俑一个，一手牵马缰，一手做拉弓状。每乘车后除3名车士外，还配有8个至36个步兵俑。

第四单元位于军阵左侧，108个骑士俑和180匹陶鞍马俑排成11列横队，组成长方形骑兵阵。其中第一三列为战车6辆。每匹马前，立胡服骑士俑一个，右手牵马，左手拉弓。

俑坑内的108件骑兵俑是我国首次发现的数量众多的古代骑兵的形象资料。

秦俑表现的是古代军事题材，但它既没有选择两方交战、将士厮杀的战争场面，也没有选择将士修整屯兵防守的场面，而是捕捉了将士披甲，直兵列阵地，严阵以待的临阵场面。

从俑坑的布局和阵法看，二号坑阵式复杂，兵种齐全，是对阵的中坚力量。这种编组方法在兵书上叫作"大阵包小阵，大营包小营，偶落勾连，折曲相对"。

《孙膑兵法》说"在骑与战者，分为三，一在于右，一在于左，

■ 秦兵马俑三号坑

孙膑 军事家孙武的后代，曾与庞涓为同窗师从鬼谷子学习兵法。后庞涓为魏惠王将军，因嫉贤妒能，骗孙膑到魏使用奸计，孙膑被处以膑刑。后孙膑被齐国使者偷偷救回齐国，引荐与齐威王任为军师。马陵之战，身居辎车，计杀庞涓，打败魏军。著作有《孙膑兵法》。

易则多其车，险则多其骑，反则广其弩"，三者有机结合，才能百战不殆。二坑是这位古代军事家的理论图解。

二坑西边是三坑，与二兵马俑坑东西相对，呈凹字形。三坑经推断是用来统率一二坑的军幕。门前有一乘战车，68个卫士俑以及武器都保存在坑内。

这样一种阵容，可判断一坑为右军，二坑为左军，充分表现了2000多年前我国人民巧夺天工的多军事和艺术才能。

三号俑坑的陶俑大部分没有头，陶马马头也同样残缺不全，甚至有的残破陶片坑内也不见踪影。由此不难看出，三号俑坑曾遭受过严重的人为破坏。

春秋战国之前的战争，指挥将领往往要身先士卒，冲锋陷阵，所以他们常常要位于卒伍之前；春秋战国时期随着战争规模的增大，作战方式的变化，指挥者的位置开始移至中军。

秦始皇兵马俑陪葬坑布局合理，结构奇特，在深5米左右的坑底，每隔3米架起一道东西向的承重墙，兵马俑排列在墙间空当的过洞中。

秦皇陵兵马俑多用陶冶结合的方法制成，先用陶模做出初胎，再覆盖一层细泥进行加工刻画加彩，有的先烧后接，有的先接再烧。

兵马俑的车兵、步兵、骑兵列成各种阵势，整体风格浑厚、健美、洗练，但每一个兵士的脸型、发型、体态、胖瘦、表情、眉毛、眼睛和年龄、神韵均有差异；陶马有的双耳竖立，有的张嘴嘶鸣，有的闭嘴静立，人和马都富有感染人的艺术魅力。

统一六国之后，秦国实行全国征兵制，兵源来自全国各地，这恐怕是他们在脸型、表情、年龄上有差别的主要原因。

秦俑大部分手执青铜兵器，有弓、弩、箭镞、铍、矛、戈、殳、剑、弯刀和钺。

青铜兵器因经过防锈处理，埋在地下2000多年，仍然光亮锋利如新，它们是当时的实战武器。

工匠们用写实的艺术手法把陶俑表现得十分逼真，在这个庞大的秦俑群体中包容着许多截然不同的个体，使整个群体更显得活跃、富有生气。

纵观这千百个将士俑，其雕塑艺术成就完全达到了一种艺术美的高度。无论是千百个形神兼备的官兵形象，还是那一匹匹跃跃欲试的战马塑造，都不是机械的模仿，而是着力显现它们内在的生气、情感、灵魂、风骨和精神。

秦俑的设计者为了再现2000多年前的秦军"奋击百万"气吞山河的磅礴气势。不仅仅在于追求单个陶俑的形体高大，而且是精心设计了一个由8000余件形体高大的俑群构成的规模庞大的军阵体系。

右侧为一个巨大的方阵，左前方为一个大型疏阵，左后

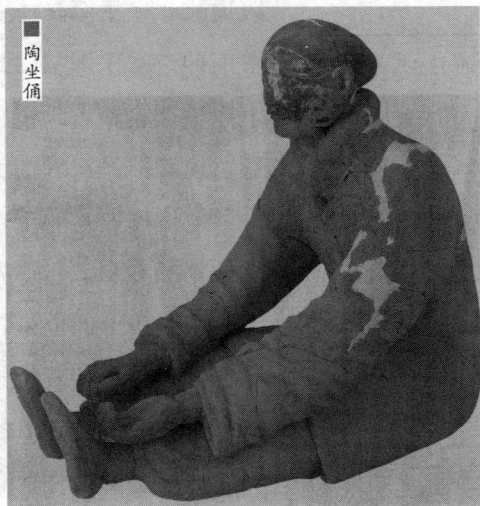
陶坐俑

■ 神采奕奕的兵马俑

考古遗珍

中国的十大考古发现

鹖冠 古代官名，即插有鹖毛的武士冠。因为鹖性好斗，至死不却，武士冠插鹖毛，以示英勇。鹖冠具体形状，大抵与河南洛阳金村的战国狩猎纹铜镜上骑士之冠相同。西汉砖、石刻上，也见有具体描绘。

方则是指挥部。那数千名手执兵器的武士，数百匹曳车的战马，一列列、一行行，构成规模宏伟、气势磅礴的阵容。

将士们有的头挽发髻，身穿战袍，足蹬短靴，手持弓弩，似为冲锋陷阵的锐士；有的免盔束发，身穿战袍，外披铠甲，手持弓弩，背负铜镞，似为机智善射的弓箭手；有的头戴软帽，穿袍着甲，足蹬方口浅履，手持长铍，似为短兵相接的甲士。

还有身穿胡服的骑士，外着铠甲，头带软帽，足蹬短靴，一手牵马一手提弓；有头戴长冠的驭手，两臂前伸，双手握缰，技术熟练；有头戴长冠穿战袍的下级指挥官，着长甲，手执吴钩；有头戴鹖冠，身着彩色鱼鳞甲，双手扶剑，气度非凡的将军。

这栩栩如生的千百个官兵形象，尤其在神态、个性的刻画方面，显得逼真、自然而富有生气。

一般战士俑也是各有表情：有的嘴唇努起胡角反卷，内心似聚结着怒气；有的立眉圆眼，眉间的肌肉拧成疙瘩，似有超人的大勇；有的浓眉大眼，阔口厚唇，性格憨厚纯朴；有的舒眉秀眼，头微低垂，性格文雅。有的侧目凝神，机警敏锐；有的昂首静思，有的低首若有所思，两者虽然都刻画一个"思"字，由于表现手法不同，前者给人的印象是气宇轩昂略带傲气，后者沉静文雅。

其中，骑兵在服饰装束及高度等方面都是严格模拟古代骑兵的战时形象，与步兵、车兵俑显然不同。

它们头戴圆形小帽，帽子两侧带扣系在颔下，身着紧袖、交领右衽双襟掩于胸前的上衣，下穿紧口连裆长裤，足蹬短靴，身披短而小的铠甲，肩上无披膊，手上无护手甲。衣服具有短小轻巧的特色，铠甲显得简单而灵活。骑兵俑特殊的装束也与骑兵的战术特点密切相关。

每匹战车的陶马，两耳竖立，双目圆睁，张鼻嘶鸣，跃跃欲试。一件件骑士俑，右手牵马，左手提弓，机警地立于马前，一旦令下，就将驰骋疆场。

右衽 衽，在我国文字中本义为"衣襟"。将衣服的左前襟掩向右腋系带，将右襟掩覆于内，称右衽。反之称左衽。右衽是我国古代汉族服装始终保留的特点，因此右衽成为汉族的象征符号。与之相反，我国古代某些少数民族的服装，前襟向左掩，异于中原一带的右衽。因此左衽用以指受外族的统治。

■ 一号坑的卒俑

■ 秦始皇陵的陶鞍马俑

轿 一种靠人或畜扛、载而行，供人乘坐的交通工具，曾在东西方各国广泛流行。就其结构而言，轿子是安装在两根杠上可移动的床、坐椅、坐兜或睡椅，有篷或无篷。轿子最早是由车演化而来。轿子在我国有四千多年的历史。据史书记载，轿子的原始雏形产生于夏朝初期。因其所处时代、地区、形制的不同而有不同的名称。如肩舆、兜子、眠轿、暖轿等。

除了兵马俑，秦皇陵还有两辆铜车马也令人叹为观止。

秦始皇陵铜车马是一种带有篷盖的豪华车，工艺之复杂，做工之精巧，技艺之卓越，都无不令人惊叹。秦陵铜车车型接近正方形，车上罩着一块类似于龟盖状的篷盖。大篷盖不仅将车体全部罩了起来，甚至连车前边的"御室"也遮盖起来，形成封闭式的车体，以便车主与驭手传递命令。

其中二号铜车属于轿、车组合类型，车主既可以坐乘，也可以卧息。如果躺在这样宽敞、舒适、豪华的车体内，完全可以享受到一种软卧车的舒服感，即使远行千里也可以消除长途颠簸的疲劳。

二号车车内设备更富有特色，在车体底部发现一块方形大铜板，其大小几乎与车体底尺寸相当，铜板表面彩绘着各种鲜艳的几何形图案花纹，下面四角和中部有8个铜支钉支撑。

这块彩绘大铜板无疑就是古车上的"文茵"，类似于一种软垫制品。如果车中铺设双重文茵，一定更加平稳而舒适。

同时，二号铜车马总共由3462个铸件组成，其中有铜铸件、金铸件、银铸件。总重量达1241千克，其中金铸件3000多克，银铸件4000多克。

由此推测，一号铜车马铸件的数量也不会相差太远，那么两乘车加起来不少于5000多个零部件。尤其令人拍手叫绝的是，这5000多个零部件无论是大至两平方米以上的篷盖、伞盖及车舆、铜马、铜俑等，还是不足0.2平方米的小攸勒管都是一次铸造成型。

就拿篷盖与伞盖的铸造来说，它不仅面积大，而且薄厚不一，再加上篷盖、伞盖，都有一定的弧度。这样难度大的篷盖、伞盖能一次性浇铸成功，在2000

彩绘 在我国自古有之，被称为丹青。常用于我国传统建筑上绘制的装饰画。我国建筑彩绘的运用和发明可以追溯到2000多年前的春秋时代。它自隋唐开始大范围运用，到了清朝进入鼎盛时期，清朝的建筑物大部分都覆盖了精美复杂的彩绘。

■ 兵马俑博物馆的青铜战车

多年前的秦代几乎让人难以置信。

8匹铜马、两个御官俑的铸造都达到了惟妙惟肖的程度，无论是整体造型，还是神态、性格、气质的刻画都可以与秦俑坑那雕塑最好的将军俑相媲美。

铜马、铜俑铸造如此精准，形神兼备实为罕见。比如铜马的笼头，它是由82节小金管和78节小银管连接起来，一节金管与一节银管以子母卯形式相连接，其精细和灵活程度令人叹为观止。

令人感到惊奇的是那马脖子下悬挂的缨络，这些缨络全是采用一根根细如发丝的铜丝制作的，而且铜丝表面无锻打痕迹，粗细均匀，表明很可能是用拔丝法制成。

尤其是以铜丝组成的链环，是由铜丝两端对接焊成，对接面合缝严密。如此纤细的铜丝到底是用什么方法制作，采取什么样的工艺焊接的呢？

我国古代人民的智慧不可低估，而兵马俑更是全世界的一个奇迹，它让外国人赞叹，让中国人骄傲！

阅读链接

1974年，陕西省临潼县杨村村民们为了抗旱，在村南柿树林旁打井，挖到5米多深的时候，竟然发现了一个陶制的人头雕塑像。

正好一位干部来检查打井进度，见到这个情景，他急忙把这消息报告给县文化馆。经过文物部门几年的勘查和发掘，气势非凡的秦始皇陵兵马俑终于展示在世人面前。

兵马俑的发现被誉为"20世纪考古史上的伟大发现之一"。秦俑的写实手法作为我国雕塑史上的承前启后艺术为世界瞩目。现已在一二三号坑成立了秦始皇陵兵马俑博物馆，对外开放。

马王堆汉墓位于湖南长沙芙蓉区马王堆，在长沙东郊浏阳河西岸、长浏公路北侧。出土各类文物数千件，因为保存完好，被誉为中华民族的地下文化宝库，东方的"庞培城"。

马王堆汉墓的出土文物，为研究汉初经济和科学技术的发展，以及当时的历史、文化和社会生活等方面，提供了实物资料，使它成为当之无愧的国之瑰宝。其中古尸素有"东方睡美人"之称，受到科技界的广泛关注，被认为"创造了世界尸体保存记录中的奇迹"。

汉代珍宝

马王堆汉墓与女尸

马王堆汉墓的主人真相

马王堆汉墓位于长沙市芙蓉区马王堆乡，在长沙东郊浏阳河西岸、长浏公路北侧。

马王堆乡有一处特别的地方，那里是方圆250米的土丘，土丘的中部，残留着两个高16米的土冢，这就是通常所指的"马王堆"。

在这两个土冢中，东边的是一号墓的封土堆；西边的是二号墓的封土堆。三号墓的封土堆几乎全被一号墓的封土所覆盖，外表上很少

马王堆出土的武士俑

露出痕迹。

马王堆周围是平坦的田地，浏阳河从它的东面转向西北蜿蜒流过，河的东面和北面是连绵的低矮山丘。马王堆的西面不远处，是注入浏阳河的一个不大的湖泊。千百年来，马王堆就在这样一个环境里，静静地沉睡着。

有人说，"马王堆"的名称与五代十国时期的楚王马殷有关。

■ 马王堆帛画

923年，后唐取代后梁，马殷被册封为楚王，以长沙为统治中心，管辖湖南全省、江西西部、贵州东部和湖北南部地区。930年，马殷去世，其子马希范继位。至北宋，楚国灭亡，马殷家族统治湖南达数十年之久。

在长沙保留着不少关于马王的古迹，如会春园、九龙殿、马王街等，而马王堆也被认为是其中之一。

在楚王马殷家族消失数百年后，清人认为马殷及其家族死后葬于马王堆。也有说此处是马殷父子的疑冢，即假坟，所以没有称为陵，而是称作堆。

除了这种说法之外，还有人认为"马王堆"是由西汉时期长沙定王刘发的母亲程、唐二姬的"双女坟"而得名的。

长沙王刘发的母亲唐姬，原是汉景帝的宠妃程姬

汉景帝 （公元前188年—公元前141年），刘启，西汉第六位皇帝，在位16年，谥号孝景皇帝。汉景帝刘启在西汉历史上占有重要地位，他削诸侯封地，平定七国之乱，勤俭治国，发展生产。他统治时期与其父汉文帝统治时期合称为文景之治。

■ 马王堆汉墓出土
的青铜器

长安 即现在西安，又称京兆，是中华文明的发扬地，据《广博物志》《述异志》《山海经》等记载，传说中的盘古开天辟地、女娲补天等故事都发生在这里。新石器时代早期，这里就已经形成了原始聚落。西安是13朝古都，我国历史上的鼎盛时代周、秦、汉、隋、唐均建都西安。

的侍女。有一天，汉景帝传唤程姬侍寝，但程姬身体不舒服，然而皇上的旨意不可违抗，程姬便想出一个办法，从她的侍女中挑选了与自己身高相当、容貌相似的唐儿与景帝同房。

那晚景帝宴罢归房，醉眼蒙眬，在昏黄的灯光下未及细看，就与唐儿同床共寝。唐儿因此怀上龙种，为景帝生了个儿子，取名为刘发。

后来景帝知道了实情，因为刘发是侍女所生，身份低微，所以在他长大成人后，景帝便将他封为人口1.5万户的长沙王，并让其远离长安。

刘发也知道自己的身世，虽远在长沙，却十分思念两位母亲。于是，他就派人在长沙城内筑起一座土台，即后来的定王台，时常登高远眺长安城，表达对两位母亲的思念。

在唐、程二姬相继去世后，刘发将她们的尸体由长安运至长沙，安葬在城东外的土堆中，并在土堆上竖立起一根高大的旗杆，杆上吊挂一个大红灯笼。每当刘发站在定王台上远眺大红灯笼时，就仿佛看见了自己的两位母亲。

这方土丘的两个土冢大小相似，中间连接，形状非常像一个马鞍，人们就叫"马鞍堆"。而长沙话的"鞍"和"王"的读音相似，也不知到了哪个朝代，人们念走了音，"马鞍堆"就变成了"马王堆"。

北宋《太平寰宇记》也记载说，这里是西汉长沙定王刘发埋葬他母亲的"双女冢"。根据史料所记载，刘发两位母亲的埋葬地点与马王堆的位置十分吻合，况且在时间上也颇为吻合，所以刘发母亲的墓葬似乎是唯一合理的解释。

但后来发现，在看似只有两个墓冢的土丘下，居然有3座墓穴，而且3座墓葬的时间相距20多年。其中，在二号墓发现了"长沙丞相""轪侯之印"和"利苍"3枚印章，表明该墓的墓主是轪侯利苍。

一号墓中有一具年约50岁的女性尸体，墓内出现了刻有"妾辛追"3个字的骨质印章，说明墓主应是利苍的妻子。另外，三号墓里的遗骸应该是30多岁的

丞相 古代官名。我国古代皇帝的股肱，典领百官，辅佐皇帝治理国政，无所不统。丞相制度，起源于战国。秦朝自秦武王开始，设左丞相、右丞相。明太祖朱元璋杀丞相胡惟庸后废除了丞相制度，同时还废除了中书省，大权均集中于皇帝，君主专制得到加强，皇权与相权的斗争以皇权胜利而告终。

073

■ 马王堆汉代对乐俑雕塑

英布 秦末汉初名将，六县人。因受秦律被黥，又称黥布。初属项梁，后为项羽帐下五大将之一，封九江王，后叛楚归汉，汉朝建立后封淮南王，与韩信、彭越并称汉初三大名将，公元前196年起兵反汉，因谋反罪被杀。

■ 马王堆3号墓坑

男性，所以可能是利苍的儿子。

据《史记》和《汉书》记载，长沙国丞相利苍于汉惠帝二年去世，而长沙正是汉代长沙国首府临湘县所在地。通过历史记载、文物鉴定以及其他因素的综合考虑，尤其是墓中的漆器款识、封泥、印章等各种对象给人们提供的有力证据，于是最终断定一号墓为利苍之妻，二号墓为利苍本人，三号墓为利苍之子。

一号墓墓主名字叫辛追，是利苍的妻子，比利苍要年轻很多，利苍去世的时候，她才30岁左右，美貌非凡，富贵优雅。

但是，历史上对辛追没有明确的记载。有人说，这个名叫辛追的神秘女子是景德镇浮梁人，在那片瓷与茶文化交融的土地上曾经留下她的足迹。那里仍然有很多和她有关的遗迹，也有许多关于她的传说。

长沙国丞相利苍生于战国末年，逝世于公元前

186年。他早年曾参加秦末农民起义和楚汉之争。汉初任长沙国丞相，被封为轪侯，食邑七百户。"轪"便是利苍的食邑，封地在河南省罗山县和光山县之间，也有的说在湖北省浠水县兰溪镇。

约在公元前204年，利苍携妻子辛追，带着刚满周岁的儿子利豨来到长沙国任职。不久，邻国淮南王英布叛变，利苍劝说第二代长沙王吴臣诱杀了吴臣的姐夫英布。长沙王之子吴浅、长沙丞相利苍因此均被封为侯。利苍即成为第一代轪侯。

马王堆汉墓主人辛追夫人复原蜡像

三号墓墓主利豨是利苍和辛追的儿子，利苍去世后继承了封号，成为第二代轪侯。利豨的儿子第三代轪侯离开了长沙到首都长安做官。之后，利豨的孙子第四代轪侯任过武官，因为擅自调兵而被判处死刑，受到赦免才保住了一条性命，不得不回到原籍成为平民。于是，利家的侯爵再也没有了。

阅读链接

早在1951年，长沙地区进行大规模考古挖掘时，年轻的夏鼐就对中国科学院考古所所长王仲殊十分肯定地说："这不是五代马殷父子的墓，而是一座汉墓，可能属于西汉早期，马王堆名不副实。"

可是，墓里面的主人到底是谁呢？

正当人们疑虑重重的时候，汉墓发掘工作结束，一切疑虑和猜测烟消云散，墓主人的神秘面纱终于被揭开了。

马王堆汉墓形制独特

马王堆汉墓出土的武士木偶

　　马王堆汉墓是西汉初年的墓葬，它的墓葬形制也有着独特的风格和样式。

　　马王堆共有3座汉墓，由于是同一时期身份相关的人的墓葬，所以墓坑的形式基本相同，都是北侧有墓道的长方形竖穴。坑口的平面接近方形，口下有多级台阶，随着墓坑逐渐向下，台阶逐级缩小。

　　3座墓的墓坑，从整体上看，没有多少差别，但具体说来，仍有些许的差异。其中一号墓的墓坑最大、最深。

　　下面有4层台阶，逐渐向下，台阶底端就是斗形坑壁。

　　另外两座墓的规模相对于一号墓来说，规模略小，墓坑较浅，墓壁只有3层台阶。二号墓墓底南北长7.25米，东西宽5.95米；三号墓墓底长5.8

米，宽5.05米。

我国古代的丧葬有棺椁制，人们可以通过棺椁看出死者的身份和等级。

一号墓的棺椁共有4层，它们采取扣接、套榫和栓钉接合等方法制作而成。椁室用厚重的松木大板构筑。

下置垫木和两层底板，再竖立4块壁板和4块隔板，便形成居中的棺房和四周的边厢。然后，在上部覆盖顶板和两层盖板。

4层套棺用落叶乔木板制作，内壁均涂朱漆，外表则各不相同。

第一层的黑漆素棺体积最大，通体涂满黑色的漆，没有其他装饰；第二层为黑地彩绘棺，饰有复杂多变的云气纹及形态各异的神怪和禽兽；第三层为朱地彩绘棺，饰有龙、虎、朱雀和仙人等瑞兽图案；第四层为直接殓尸的锦饰内棺，盖棺后先横加两道帛束，再贴满以铺绒绣锦为边饰的羽毛贴画锦。

三号墓的棺椁和一号墓的棺椁差不多，但是少了一层套棺，椁室南边的边厢又多了一根纵梁。在3层套棺中，外棺和中棺的表面均涂棕黑色素漆，未加其他装饰。内棺则在加帛束之后，贴满了以绒圈锦为边饰的绣品。

二号墓从残存的痕迹看来，结构与一号墓和三号墓有所不同，椁内只有两层棺。

瑞兽 我国原始人群体的亲属、祖先、保护神的一种图腾崇拜，是人类历史上最早的一种文化现象。它们从远古时代一直沿存至今。我国古代有四大瑞兽，分别是东方青龙、南方朱雀、西方白虎、北方玄武，另外还有麒麟也是我国古代的一种瑞兽。

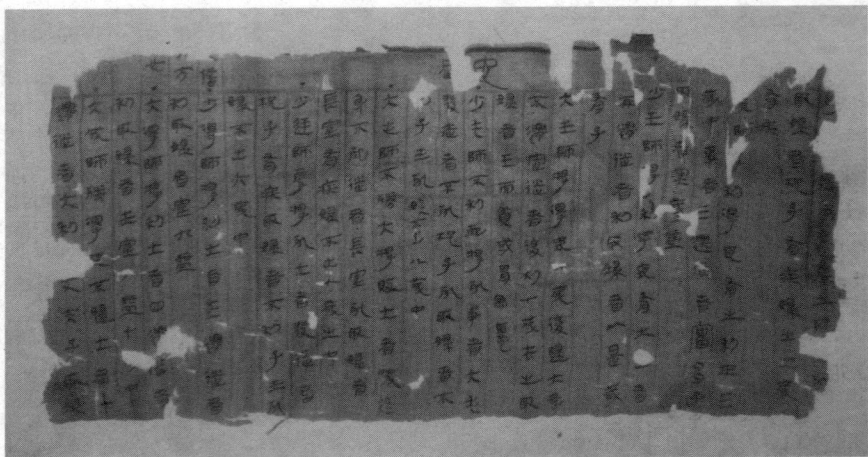

■ 马王堆出土的中国最早的纸

雷纹 我国古代青铜器上一种典型的纹饰。基本特征是以连续"回"字形线条所构成。有的做圆形的连续构图，单称为"云纹"；有的作方形的连续构图，单称为"雷纹"。云雷纹常作为青铜器上纹饰的地纹，用以烘托主题纹饰。也单独出现在器物颈部或足部。

朱地彩绘棺是马王堆一号墓4层木棺中的第三层。通体内外髹朱漆。棺表面的朱漆底上，又施用青绿、粉褐、藕褐、赤褐、黄白等明亮的颜色，彩绘龙、虎、朱雀、鹿和仙人等祥瑞图案。

盖板上绘有对称的二龙二虎图案。两条龙的龙头相向，居于画面中上方，龙身各自向两侧盘绕，龙尾伸至左右两下角；二虎背于二龙之间，分别攀在龙首的下面，口啮龙身。

龙为粉褐色，用赭色勾边，身披鳞甲而有三角弧形斑纹，斑纹内填以绿色；虎为赤褐色，形象写实，尾部加饰流云。

盖板的周缘，饰赭黄色勾连雷纹。头顶绘一座高山，山做等腰三角形，处于画面的中央。山的两侧各有一只鹿，腾跃貌，周围饰以云气纹。

足画面为双龙穿璧图案。白色的古璧居于画面中央，有两条藕色绶带将其自上而下拴系，绶带的末端分列在画面的下侧。

两条蜷曲的龙穿璧而过，龙首相向于璧上方的绶带两侧，龙身为粉褐色，披鳞甲而有凤羽，巨目利牙，虎爪蛇尾，双角较小。龙的旁边加饰以藕白色的云气纹。

左侧的周边饰菱形云纹，正中绘一座赤色的山。山的两侧各有一粉褐色龙，龙首相向于山的上方，龙身均呈现出波浪起伏的样子。

左侧龙首之后，有一只赤褐色虎，虎身向左，张口回首，其旁加饰云纹。龙尾之前，有一只带有云形花斑的藕褐色鹿。鹿首向左，两角粗壮，四足跷起。

右侧龙首后有一只朱雀，展翅欲飞貌。龙尾之前，有一粉褐色的仙人，头发斑白，两手攀着龙身。右侧面的边纹也为菱形云纹，画面为繁复的勾连云纹。

朱地彩绘棺上的龙、虎、朱雀和鹿，都是我国古代所谓的瑞兽，称为"四神"或"四灵"。左侧面上所绘的高山，应该不是一般的山，而是仙山。整个棺材的画面给人以神秘的感觉。

黑地彩绘棺是一号墓棺椁中4层木棺中的第二层。棺内涂朱漆，右侧板内壁中上部的朱漆面上，有黑漆勾出的奔马和人，笔画草率，勉强成形。棺的表面，以黑漆为地，彩绘了复杂多变的云气纹，以及穿插其间、形

四神 也叫作四象、四灵。春秋战国时期，五行学说盛行，所以四象也被配色成为青龙、白虎、朱雀、玄武。两汉时期，四象演化成为道教所信奉的神灵，即被称为四灵。四神在我国古代中另一个主要表现就在于军事上，行军布阵就有"前朱雀后玄武，左青龙右白虎"的说法。

■ 马王堆出土的精美漆瓶

马王堆墓出土的角质柶

态生动的许多禽兽。

黑地彩绘棺上的花纹，除盖板四侧边缘满饰带状卷云纹外，五面的四周都有宽0.15米以流云纹为中心的带状图案。

在画面上出现最多的，是一种面部似羊非羊，似虎非虎，头竖长角，兽身有尾的怪物。这种怪物，口中衔着蛇，四肢又像猿，手足不分。

黑地彩绘棺上所绘的100幅图画中，有怪神、怪兽、仙人、鸾鸟、鹤、豹、牛、鹿以及蛇等10余种形象。这些神怪和禽兽形态各不相同，描绘得栩栩如生、变化多端，在云气间安排得十分得体，富有浓厚的浪漫主义色彩，表现了作者丰富的想象和熟练的技法，是研究当时绘画艺术的重要材料。

阅读链接

对于马王堆汉墓的发掘，周恩来、李先念等党和国家领导人都曾批示，直接指导发掘，仅周恩来的批示就达5次之多。

1972年初，马王堆出土千年不朽女尸的消息传开后，各方群众争相要求参观。每天数万人涌入博物馆，许多外地群众也赶来长沙参观。

这个情况经由新华社记者反映给了国务院。因病住院的周恩来，看到报告后批示：出土尸身和衣着、帛文还有其他文物非变质不可……必须立即采取办法，将尸身转到冰窖，消毒、防腐，加以化工处理。这是可以向群众说得通的，非当机立断不可。

接到周恩来的指示后，湖南省博物馆就将尸体深夜转移到了湖南医学院。

神秘女尸和素纱禅衣

辛追是马王堆汉墓一号墓的墓主,虽然沉睡了2000多年却依然新鲜如初。辛追年约50岁,身高1.54米,体重34.3千克。

传说辛追是长沙王吴芮最小的女儿,她在江西浮梁长大。辛追来到长沙,受父母之命襄助兄长吴臣,这时她还不到15岁。

马王堆一号墓出土的干尸

■ 保存完好的女尸

重阳节 农历九月九日，为传统的重阳节。因为《易经》中把"六"定为阴数，把"九"定为阳数，九月九日，日月并阳，两九相重，故而叫重阳，也叫重九。重阳节早在战国时期就已经形成，到了唐代，重阳被正式定为民间的节日，此后历朝历代沿袭至今。

16岁时，辛追奉兄长吴臣之命，与三哥吴浅一起护送大姐梅子的灵柩到老家浮梁。回到家乡，辛追见到了返乡的祖父吴申及外公等亲人。

辛追在浮梁住了3个月，祭祀了吴氏祖先，看望了当年随父亲出征将士的家属。

她还与吴家族人一同参加了家乡的秋社。在秋社活动结束之后，她入乡随俗，和普通百姓一起在仰天台过夜。

她走遍了父亲在浮梁战斗过的地方，听说父亲第一次带兵打仗时正在进行傩会，辛追便向祖父要了两个傩面具作纪念。

重阳节过后，辛追告别亲人，返回长沙。当年10月，朝廷正式封其为"公主"后来嫁给了利苍。

辛追的尸体过了2000多年，但形体完好无缺，全身润泽。皮肤柔软细密，光滑而富有弹性。全部关节保存完好，没有丝毫损伤，部分关节还可以活动。全身脉络十分清晰，人们甚至可以清楚地看到她手指、脚趾的纹理。

往女尸体内注射防腐剂时，她的血管会鼓起来。除眼球突出、舌头外吐等体表变形外，其他特征完全像刚死的鲜尸。

人们可以想象，辛追生前是一位美貌非凡、富贵优雅的女性。通过病理解剖检查发现，死者生前患有冠心病、多发性胆石症、全身性动脉粥样硬化症，右上肺有结核病灶，右前臂曾经骨折，在直肠和肝脏内有鞭虫卵、蛲虫卵和血吸虫卵，胆囊先天畸形。

女尸身上穿着丝绵袍和麻布单衣，脚上穿着青丝履，头上盖着酱色锦帕，两臂和两脚用丝带系缚起来，然后包裹18层丝、麻衣衾，捆扎9道组带，又覆盖两件丝绵袍。

这些衣物，种类繁多，花色复杂，差不多包含了春夏秋冬各个时节的衣服，显示了女尸的高贵身份和显赫的家世背景。

经分析，该女尸皮下脂肪丰满，皮肤没有褥疮，无高度衰老迹象，故应为突发急病而死。

从病症推断与解剖发现，其食道、胃及肠内有甜瓜子130多粒，死亡时间应在暑天，可能是吃了生冷甜瓜后引发胆绞痛，由此诱发冠状动脉痉挛，导致心律失常而猝死。

辛追女尸历经2000多年，皮肤居然还有弹性，显得润泽有光。从尸体腐烂程度上看，死亡的时间好像只有几个

■ 辛追墓出土的漆碗

■ 彩绘陶鐎壶 高约9.5厘米，口径约9厘米，柄长约6厘米。陶鐎壶为直口形，唇比较平，颈相对矮一些，而壶的腹部则相对较扁，在底部有三个乳状的足。另外，鐎壶的肩部置有兽首流，腹部并装有一管状柄，胎的颜色为灰色。壶身涂白粉，并绘上红、黑两色相间的粗弦纹。这种壶为手工制作，共造型简朴，为生活中的实用器。

朱砂 在我国古时称作丹。朱砂的粉末呈红色，可以经久不褪。我国利用朱砂作颜料已有悠久的历史，朱砂"涂朱甲骨"指的就是把朱砂磨成红色粉末涂嵌在甲骨文的刻痕中以示醒目。后世的皇帝们沿用此法，用朱砂的红色粉末调成红墨水书写批文。

法师 又译为说法师，法师本是一种学位的称号，要通达佛法能为人讲说的人才能称法师。在佛教中，凡能演讲佛经的出家比丘称为法师。在道教中，精通经戒、主持斋仪，度人入道，堪为众范的道士叫法师。

月。自然界中的万物都遵循有生有灭的规律，然而在辛追那没有生命的身体上，正常的腐败过程竟能得以延缓，实乃奇迹。

女尸浸泡在液体之中，这种液体最初没有颜色，发出一种难以名状的异味，不久之后这种液体变成了棕黄色。经分析，发现这种棺液的成分极为复杂，液体里面含有朱砂、砷、汞以及许多中药成分。

有人认为这种液体是一种特制的防腐剂，这种防腐剂由各种各样的药材和化学物质经过复杂的工序配置而成，能够让尸体保持完好，即使历经千百年也不会腐烂。它是在尸体入殓时，为了防止尸体的腐烂，特意加进去的。

也有人认为这种液体是外界渗透进去的水。他们认为这种液体根本就不是防腐剂，而是土壤中的水分通过白膏泥和木炭层渗入墓室，经长时间的凝结，最后积聚在棺内。

由于和棺内的物质发生反应，因而具有微弱的抑菌、杀菌作用，但不是尸体得以保存的根本原因。

还有人认为这种液体是尸水。这种液体不是从棺外渗入的，而是女尸的尸水，因为棺内的边厢都没有水渗入的痕迹，并且棺椁外有5000千克的木炭和白膏泥包裹，根本就不可能让外面的水分渗入。

它是尸体在病毒及细菌的作用下，历经长时间所脱下的水。由于溶解了棺内的其他物质，使其成分变得极为复杂，对尸体的完好具有微弱的保护作用。

还有一种说法认为棺液不是使女尸保存下来的根本原因，使尸体保存下来的根本原因是尸体存放的特定环境。

因为棺椁密封很好，和外界空气完全隔绝，避免了细菌对尸体的侵蚀。里面的环境很好，具有恒温、恒湿的状态。在那样一个恒定的环境中，女尸再过一个2000多年也应该可以继续保存。

除了上面几种比较传统的解释外，还有一种解释认为，辛追尸体的保存，跟独特的中华文化有关。

在中华大地上，出现过很多不腐的古尸，有唐代的禅宗六祖惠能，有明代的高僧憨山，有清代的法师大兴等。此外，民间还发现了不少类似的现象。总之，尸体不腐这类记载和传闻在我国非常多。

这些死者总体上有一个特点，那就是他们基本上都

■ 马王堆出土的青铜鼎

是佛教和道家中人。而在佛教和道教的文献中，记载有专门修炼死而不僵的理论和方法，在修炼的人群之中，更有不少成功的案例。

从墓壁上雕刻的道家养生图和随葬的《道德经》来看，辛追夫人很可能是道学养生方法的研究者，并且取得了很大的成就。所以，辛追尸体不腐的原因，很可能是她生前修炼的结果。

马王堆汉墓的素纱禅衣是在利苍夫人辛追的墓中被发现的，是世界上现存年代最早、保存最完整、制作工艺最精、最轻薄的一件衣服。

素纱禅衣的出土反映了当时高超的织造工艺技术，为国内所仅有，它是西汉纱织水平的代表作，更是楚汉文化的骄傲，为中外文物的研究家提供了又一次深入探索的机会。

这件素纱禅衣交领、右衽、直裾式，袖较宽，衣长1.28米，通袖长1.95米，袖口宽0.29米，腰宽0.48米，下摆宽0.49米，重48克，薄如蝉翼，折叠后不盈一握。

素纱禅衣由上衣和下裳两部分构成，边缘为几何纹绒圈锦。素纱丝缕极细，共用料约2.6平方米，重量还不到一两，可谓"薄如蝉翼""轻若烟雾"，且色彩鲜艳，纹饰绚丽。

■ 辛追墓出土的骑马俑

素纱禅衣代表了西汉初养蚕、缫丝、织造工艺的最高水平。这件素纱禅衣，用纱料制成，因无颜色，没有衬里，出土遣策称其为素纱禅衣。

唐代大诗人白居易在《缭绫》中写道："应似天台山上明月前，四十五尺瀑布泉，中有文章又奇绝，地铺白烟花簇霜。"咏诵这诗句，似乎诗中那缥缈如雾般轻盈，晶莹如水般剔透缭绫的描写不过是诗人的艺术夸张。

马王堆汉墓中大量丝织品，特别是两件素纱禅衣的发现，证实了诗人的描写并非凭想象夸张而作，而是真实的有根据的形象化的描写。

纱的密度稀疏，孔眼充满织物的表面，因而质地轻薄，古人形容"轻纱薄如空""举之若无"，一点都不夸张。上乘的纱料，以蚕丝纤度匀细见长。

据测定，素纱禅衣的蚕丝纤度只有10.2旦至11.3旦，而现在生产的高级丝织物还有14旦，足见汉代缫纺蚕丝技术的高度发展。

此件禅衣的组织结构为平纹交织，其透空率一般为75%左右。制织素纱所用原料的纤度较细，表明当时的蚕桑丝品种和生丝品质都很好，缫丝织造技术也已发展到相当高的水平。

素纱一般为未经染色的纱织物，这件禅衣如果除

白居易（772—846年），字乐天，晚年又号香山居士，我国唐代伟大的现实主义诗人，也是我国文学史上负有盛名且影响深远的诗人和文学家。他的诗歌题材广泛，形式多样，语言平易通俗，有"诗魔"和"诗王"之称。他的传世作品为《白氏长庆集》，代表诗作有《长恨歌》《卖炭翁》《琵琶行》等。

■青瓷骑马俑

去袖口和领口较重的边缘，重量只有25克，折叠后甚至可以放入火柴盒中，素纱禅衣也是西汉纱织水平的代表作，更是楚汉文化的骄傲。

贵为丞相夫人的辛追欲露华丽外衣纹饰，因此在色彩艳丽的锦袍外面罩上一层轻薄透明的禅衣，使锦衣纹饰若隐若现，朦朦胧胧，不仅增强了衣饰的层次感，更衬托出锦衣的华美与尊贵。

轻柔和飘逸质感的纱衣，穿在女子身上，迎风而立，徐步而行，飘然若飞，极佳地体现出了女性的柔美，也有一部分人认为素纱禅衣当时是作为内衣穿着，是一种性感内衣。

阅读链接

2002年4月，在辛追尸体出土30周年之际，人们复原了她4个年龄段的面相：7岁的面相、18岁的面相、30岁的面相和50岁的面相。

通过观察，人们发现了辛追3个年龄段的特点：18岁的辛追面庞红润，柳叶眉，杏核眼，小尖鼻，薄嘴唇，眉宇中透出一股灵气；30岁的辛追和18岁的辛追相比，稍微显得有些丰满，她的眉毛微微上翘，眼神中流露出一种干练的神情；50岁的辛追一眼看上去显得雍容华贵，却面带病容，鱼尾纹布满眼角，眼袋下垂。

辛追遗体被移到湖南省博物馆，这里有为她量身定做的"地下寝宫"。地下寝宫距离地面8米，恒温、恒湿，模仿当年出土时的原状修建。这里置放的大型棺椁周围还有墓坑模型，接近她沉睡2000多年的地下环境。

随葬物品珍贵而繁多

马王堆汉墓中的随葬品，种类之杂，数量之多，让人眼花缭乱，惊叹不已。

随葬物清单遣策竹简发现于东"边箱"，堆放在重叠的漆器上面，因编缀的绳索已经腐朽以致散乱。

竹简共312枚，是用细竹劈开来制成的，颜色是黄褐色，背面的竹皮大多为绿色。从残余的绳子痕迹来判断，竹简是书写后再用细麻绳分为上下两道将竹简顺序组编成册。

简上文字为墨书隶体，墨迹清晰，字体秀美。

竹简上的文字大多数可以辨识，是一册随葬物品清单，就是所谓的"遣策"，

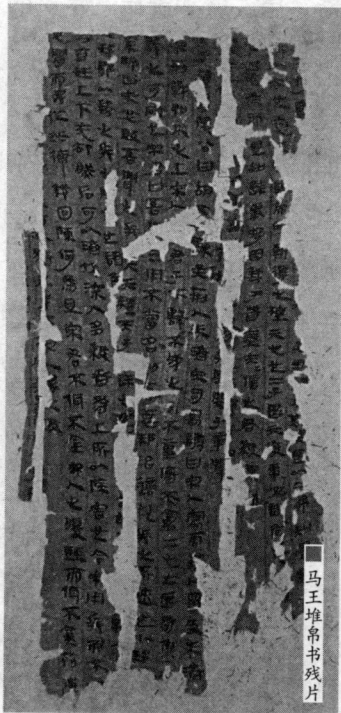

马王堆帛书残片

马王堆出土的陶器

考古遗珍
中国的十大考古发现

总有722枚，其中一号墓312枚，三号墓410枚，内容均为逐件记录随葬物品的名称、数量和各种物品的分类小计。

马王堆遣策是同类竹简中最完整的两批。

一号墓的遣策所列器物清单的大概情况是这样的：用漆木制成的九鼎、七鼎和三鼎、二鼎盛放的各种羹，用竹笥盛放的肉食品，用陶器盛放的酱和酒，用布囊盛放的粮食，以及漆木器具、梳妆用品、丝织衣物、乐器、扇、席和土质、木质的东西。

三号墓中的遣策竹简，除大部分内容与一号墓相同外，还记载有骑从、乐舞、童仆等侍从，包括所持仪仗、兵器和乐器等物，这些都能同出土的木俑及棺房两壁的帛画大体对照起来。

马王堆汉墓中还发现有精美的彩绘帛画。帛画是我国古代的一个画种，因画在帛上而得名。帛是一种白色的丝织品，古人常用笔墨和色彩在上面描绘人物、走兽、飞鸟及神灵、异兽等形象。

马王堆汉墓共发现5幅帛画，其中一号墓一幅，三号墓4幅。这些帛画都是彩绘，保存得十分完整，它们大多色彩鲜艳，形象生动，是不可多得的艺术珍品。

一号墓的帛画为"T"字形。其画面完整，形象清晰，自上而下分段描绘天上、人间和地下的景象。

三号墓出土的一幅帛画与一号墓中那幅帛画的尺寸、形制、内容都相近。这两幅帛画以有序的层次，展示了汉初人们观念中的宇宙图景。取自远古神话的大量形象和按照现实描绘的人与物，构成天、地、人相沟通的境界。

在三号墓棺室西壁的一幅帛画长2.12米，宽0.94米，描绘了盛大的车马仪仗场面。有人认为这幅画描绘的是誓社、耕祠场面，也有人根据所绘的大都是武卒、车骑，认为描绘的是接受墓主检阅的仪仗。

三号墓的另一幅帛画为导引图。以红、蓝、棕、黑等颜色描绘男男女女做健身运动，共有4排44人的形象。这些人有男有女，有老有少，他们有的着长袍，有的穿短裙短裤，还有的裸露着上身。

运动的类型有伸展、屈膝、转体、跳跃等肢体运动，也有使用棍棒、沙袋、球类的器械运动，还有模仿熊、鹤、鸟等各种动物姿势的运动。

根据人物动作与旁边的题字，可知是一幅关于运动的画作，定名为《导引图》。

马王堆汉墓的随葬品中还有纺织品和衣物200余种。其中包括了汉代丝绸品种的大部分，如平纹组织的绢、缣、纱，绞经组织的素罗和花罗，斜纹组织的绮、锦、绒圈锦，袋状组织的绦带以及彩绘印花纱，还有大麻和苎麻制成的粗细麻布等。

在三号墓东边箱子的长方形漆盒中，发现

缣帛书 是简策装书以后的一种用丝织品书写成的书。《墨子》中提到"书于竹帛"，就是指在用竹简的同时又有用缣帛写书的了。缣帛的幅面不定，可随意裁之，文章小、文字少可以用小块缣帛，文章大、文字多可以用大块缣帛。缣帛书出现和使用在竹简、木牍盛行的时期。

■ 马王堆出土文物

有大批的帛书。这些帛书是唯一可以和千年女尸媲美的东西。帛书又名缯书，它以白色丝帛为书写材料，其起源可以追溯到春秋时期。

马王堆汉墓的帛书共有28种，12万字，破损比较严重。帛书一般都是把帛横摊着从右端开始直行写下去。有的先用墨或朱砂画好上下栏，再用朱砂画出直行格，此即为后代的"朱丝栏"。帛书有长有短。短的，一段帛上只写一种书或画一幅图；长的，写完一种书或画了一幅图后，并不剪断，而是另起一行接着书写或画另外的画。

帛书的体例不一，有的在第一行顶上涂一黑色小方块做标记，表示书从这里开始；有的则没有画行首的标记。有些书是通篇连抄，不分章节；有些用墨点记号分章；有些则提行另起章节。大部分帛书都没有书名。有标题的，一般都写在文章末尾。

自从秦代统一文字，规定小篆作为全国标准字体之后，还规定隶书作为日用文字，通行全国。

整个帛书上的文字代表了这一时期字体的全貌。除了字体之外，另一个特点就是假借字多，简化字

■ 马王堆汉墓出土的饮酒漆器

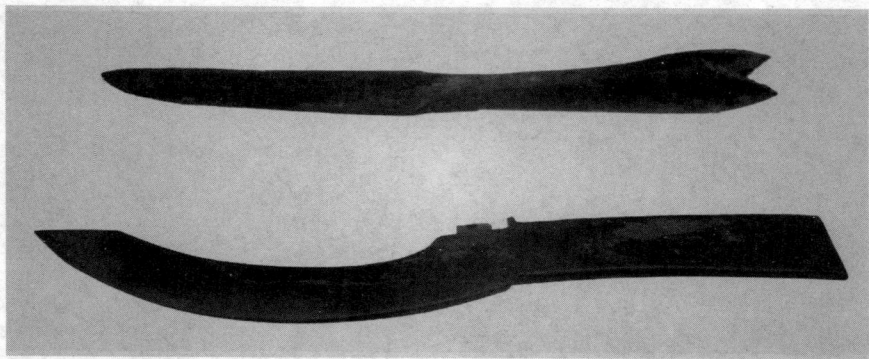

多，这些情况进一步表明，在秦统一全国文字后，西汉初年我国文字又处在一个新的发展过程中。

■ 马王堆汉墓出土的角质矛和角质戈

据初步整理，马王堆三号墓的帛书一共20多种，12万字左右，从这批帛书的内容看，只有少数几种流传下来，而大部分是久已失传的佚书。书的内容以古代哲学思想、历史为主，也有相当一部分是当时自然科学方面的著作，还有各种杂书。

依《汉书·艺文志》分类，在这些马王堆汉墓的帛书之中，六艺类的有《周易》《丧服图》《春秋事语》和《战国纵横家书》。

诸子类的有《老子》甲本、《老子》乙本、《九主图》《黄帝书》。其中，甲、乙本《老子》为所见最古的本子。

兵书类的有《刑德》甲、乙、丙三种。

数术类的有《篆书阴阳五行》《隶书阴阳五行》《五星占》《天文气象杂占》《出行占》《木人占》《符箓》《神图》《筑城图》《园寝图》和《相马经》。其中《五星占》是我国现存最早的天文书。

方术类的有《五十二病方》《胎产图》《养生图》

五行 存在于我国古代的一种物质观，多用于哲学、中医学和占卜方面。五行指：金、木、水、火、土，认为大自然都是由五行构成的，随这五行的兴衰，大自然发生变化，从而使宇宙万物循环，影响人的命运，是由于我国古代对于世界的认识不足而造成的。如果说阴阳是一种古代的对立统一学说，则五行可以说是一种原始的普通系统论。

考古遗珍

中国的十大考古发现

■ 马王堆汉墓墓石上的浮雕 汉代浮雕图案多为龙、虎、瑞兽、凤鸟等动物，其浮雕特别是高浮雕技法，使神、禽、兽形态更为活灵活现，表现形式愈加精美。这些图案多雕刻于砖、石上，主要存在于墓葬建筑装饰，其表现内容十分广泛，涉及汉代政治、经济、社会生活等各个方面。由于具有教化、纪念等实用功能，这种艺术在汉代十分流行。

《杂疗方》《导引图》，其中《五十二病方》是我国已发现的最古老的医书。另外，还有《长沙国南部地形图》《驻军图》《城邑图》3幅地图。

同时，马王堆汉墓还发现有瑟、竽、笛、琴、竽律5种乐器。另外还有和木俑附在一起的模型乐器钟、磬、筑3种。此外，在三号墓的遣策中，记载了不少歌舞、乐器的名称，如"楚歌者""河间舞者""郑舞者""建鼓""大鼓""钟磬""郑竽瑟""河间瑟"等。

从中，一方面能了解轪侯家轻歌曼舞的奢侈生活，另一方面也能增进我们对汉代音乐文化发展水平的了解。

其中一件黑漆二十五弦琴有25根弦，是一张木质的弦乐器。它的瑟面成拱形，中间是空的，下面嵌有底板。首尾髹黑漆，其余光素。

底板两端有首岳和尾岳。首岳一条，右边有25个弦孔；尾部有内、中、外3条尾岳，内外岳左边各有9个弦孔，中尾岳左边有7个弦孔。尾端有4个系弦的木柄，柄端为银制，饰涡纹。

弦由4股丝左旋搓成，中岳上的弦较粗，内、外岳上的弦较细。每条弦下有拱形木柱。

另一件黑漆七弦琴，是木质的弦乐器。它通体黑漆，头宽尾窄，面圆底平，面底可以分开。面板木质松软，似为桐木，底板木质坚硬。面底各有一个"T"形槽，合起来形成共鸣箱。

马王堆一号墓有漆器184件，三号墓有316件，合在一起正好是500件。这样大量的漆器出土，在我国是第一次。

这些漆器种类繁多，有盛装食物的鼎、奁、盘；有装酒或盛肉羹的钟、壶、钫；有喝酒或喝汤的耳杯、卮杯；有舀取食物的勺、匕；有盥洗用的盆、匜和沐盘；有盛托餐具的平盘和案；有放置各色各样梳

瑟 是我国最早的弹弦乐器之一。最早的瑟有五十弦，故又称"五十弦"。据《仪礼》记载，古代乡饮酒礼、乡射礼、燕礼中，都用瑟伴奏唱歌。战国至秦汉之际盛行"竽瑟之乐"。魏晋南北朝时期，瑟是伴奏相和歌常用乐器。隋唐时期用于清乐。后来只用于宫廷雅乐和丁祭音乐。

■ 马王堆出土的带有文字的木片

鼎 是我国青铜文化的代表。鼎在古代被视为立国重器，是国家和权力的象征。鼎本来是古代的烹饪之器，相当于现在的锅，用以炖煮和盛放鱼肉。自从有了禹铸九鼎的传说，鼎就从一般的炊器而发展为传国重器。一般来说鼎有三足的圆鼎和四足的方鼎两类，又可分为有盖的和无盖的两种。有一种成组的鼎，形制由大到小，成为一列，称为列鼎。

理和化妆用具的多子奁盒；有娱乐用的博具；有日常生活用具和摆设如屏风和几等。

各式器形达20种以上，其中漆耳杯占漆器总数的一半以上，堪称是汉代漆器的杰作。

漆器大部分是木胎，只有少数奁和卮是夹胎。装饰花纹多为漆绘的红、黑和灰绿等色。纹样则以几何纹为主，龙凤纹和草纹为辅。

一些漆器书有"侯家""君幸酒""君幸食"字样，还有的注明器物容量。说明这些器具是由成都官府作坊制造的。它们制作精致，纹饰华丽。

在众多的漆器中，有一件云纹漆鼎格外耀眼。这件漆鼎为椭圆球形，盖是球面形，上有3个橙色的环形钮，盖与鼎身用子母扣套合，鼓腹，底略呈环形。器口附两平直耳，有3个兽蹄形足。

鼎的表面髹黑漆，器内髹红漆。口沿绘有一道菱纹图案。盖和器身绘红色和灰绿色涡卷纹和方连纹等组成的几何云纹。足部用朱漆绘兽面纹，两耳云纹。鼎底部均朱书"二斗"两字，表示这个器物的容量。

马王堆汉墓随葬的土笥共48件，多数在西边厢，

■ 马王堆文物漆盘

东边厢和南边厢内也有一些。

根据笥内遗物和木签上所记载，笥内随葬品大概可以分为丝织品、食品、草药类、明器等。

丝织品有六笥，其中衣笥二，缯笥二，另有二笥装香囊、鞋及丝织物碎片；食品是笥内随葬品中的主要部分，达到37笥；草药类有一笥，可辨识的有木贼、花椒、桂皮等；明器类有4笥，共计有泥珠一袋，木象牙8件，木犀角13件，木璧23件。

马王堆汉墓中还发现有一些制作精美、形象逼真的木俑。其中一号墓有100多件，三号墓有30多件，它们分大型和小型两种，大型木俑出于东、南、北边厢，小型木俑出于中棺和内棺之间的隙缝中。

小型木俑除了3件着丝麻衣的以外，皆以小树枝劈削，墨绘眉目而成，以麻绳编结为两组。大型木俑分立俑和坐俑。

大木俑有的着衣，有的彩绘、服饰、发髻略有区别，着衣俑的服装有罗袍、绣花袍和泥银彩绘袍等，衣袖内系用细竹条支撑。

屏风 古时建筑物内部挡风用的一种家具。屏风作为传统家具的重要组成部分，历史由来已久。屏风一般陈设于室内的显著位置，起到分隔、美化、挡风、协调等作用。它与古典家具相互辉映，相得益彰，浑然一体，成为家居装饰不可分割的整体，呈现出一种和谐之美、宁静之美。

马王堆出土的木俑大多都是用来盛放肉食品、谷物、果品和香料的竹笥，制作精美，形象逼真。其中以女性木俑最引人注目，一号汉墓中有一件女舞俑。舞俑腿部微曲，好像正在蹈足起舞。舞俑体态袅娜，有曲线美；舞姿轻盈，有动感美；奋袖蹈足，有造型美。制作木俑的艺术家，仿佛赋予了舞俑生命似的，让她在人们面前轻歌曼舞。

在众多木俑中，有一组显得格外引人注目，它们由5位乐师组成。其中两位乐师，站在地上，手中拿着吹奏乐器，其余3位乐师跪在地上，用来弹奏的乐器置于地面，摆放在身前。

在乐队俑的对面，放置漆几、屏风、手杖、绣枕、香囊、奁盒以及满盛食物的漆案，这种搭配与设置，当为模拟墓主人生前歌舞宴饮的场面。

阅读链接

长沙是历史悠久的古老城市，早在春秋战国时代，长沙的冶铸业、纺织业、漆器业就比较发达。

秦末汉初，中原地区由于农民大起义中遭到反动军队的残酷杀掠，以及楚、汉之间的连年战争，造成了社会经济的严重破坏；而长沙地区受影响较小，经济恢复也就较快。

西汉时期，这里一直是长沙国所在地，地方经济取得较大的发展。马王堆汉墓的营造及其出土遗物，在一定程度上反映了这个问题。

高贵的丝织品、精美的漆器的大量出土，不论就数量、品种、花纹来说，都是我国考古发掘工作中一次空前重要的发现，特别是覆盖在内棺上的彩绘帛画，更有重大的价值。

此外，保存完整的管弦乐器，也是十分难得的。它们为研究我国汉代的纺织业、漆器业、服饰制度以及绘画艺术和古代音乐，提供了十分可贵的实物资料。

六大考古发现

我国有最著名的"十大考古发现"，现介绍其中6处：内蒙古红山文化的"坛""庙""冢"和大量精美玉器，具有丰富的历史内涵；妇好墓让我们感受到由文字、青铜器等为代表的灿烂文明；赵卿墓是大型春秋晚期墓葬和一座大型车马坑，是我国考古重要收获之一；国王墓是战国中山国墓葬中最大一座，具有大量精美文物；南越王墓的金印，最为珍贵，是我国最辉煌的考古发现之一；法门寺地宫是世界上发现规模最大的佛塔地宫。

祭祀遗珍红山坛庙冢

红山文化发现于内蒙古自治区翁牛特旗三星他拉乡，红山文化令人瞩目之处，一个是它独具特色的"坛""庙""冢"；另一个则是出现在墓冢中大量的精美玉器。

"冢"指的是积石冢，顾名思义就是在墓冢上堆积石头。这种墓葬形式，在辽宁省被广泛发现。但那些发现大多属于新石器时代晚期或青铜时

■ 红山文化玉猪龙 又名玉兽玦，我国古代对发现于红山等地的一种玉器的称呼。它被认为是龙的最早雏形。为岫岩软玉，通体呈牙白色，肥首大耳，吻部平齐，身体首尾相连，成团状卷曲。背部有一两个对钻的圆孔，可作饰物系绳佩挂。也有人认为玉猪龙不仅仅是一种饰物，而应是一种神器，一种红山先民所崇拜的代表其祖先神灵的图腾物。据研究，红山文化玉猪龙的原型很可能是猪的早期胚胎。

代，时间距今4000年。红山
文化的积石冢，时代最早而
规模也超乎寻常，结构复杂
却又极规范，可谓一绝。

冢的位置一般都选择在
高度适中的岗丘的顶部，一
般是一个山冈一冢，有时候
也会一岗多冢。一个积石
冢内一般有多个墓葬，墓葬
的建造是用石板和石块砌筑
石棺。大型的石棺建筑在
土坑内，小的则没有土坑，这些石棺墓一般都成行地
排列。

■ 红山文化时玉器

随葬品中数量最多的是玉器，种类齐全，选料精
良。墓上先堆土后积石，冢顶部的积石似乎没有什么
规律，而冢的周边部分则垒砌讲究。

冢的形状一般被砌为正方形、长方形或圆形。特
殊的是，这些墓内一般只随葬有玉器，没有其他随葬
品。陶器大多摆在冢上，是一种红色的筒形陶器，很
厚，腹部一面绘有黑色彩绘。特殊之处是这些陶器都
没有底部，然后它们被成排地竖立放置在冢周围的一
圈台阶上。

由于这种现象十分奇特，有人觉得是和墓葬祭祀
有关的陶鼓；而比较权威的认识是从力学角度分析得
出的，认为它们起到保护的作用。

"坛"即祭坛，坛与冢有着非常密切的关系：

祭坛 古代用来
祭祀神灵、祈求
庇佑的特有建
筑。先人们把他
们对神的感悟融
入其中，升华到
特有的理念，如
方位、阴阳、布
局等，无不完美
地体现于这些建
筑之中。祭祀活
动是人与神的对
话，这种对话通
过仪礼、乐舞、
祭品，达到神与
人的呼应。

考古遗珍

中国的十大考古发现

■ 红山文化先民村
落图

《礼记》是我国
古代一部重要的
典章制度书籍。
研究我国古代社
会情况、典章制
度和儒家思想的
重要著作。它阐
述的思想，包括
社会、政治、哲
学、宗教等各个
方面，其中《大
学》《中庸》
《礼运》等篇有
较丰富的哲学思
想。《礼记》全
书用记叙文形式
写成，一些篇章
具有相当的文学
价值。

第一种就是以冢为坛，因为这些积石冢本身规模
宏大，冢顶一般宽敞而又平坦，形状有方有圆，因此
本身就具备祭坛的功能。在我国史前时期，这种祭坛
与墓地在一起的形式并不少见，同具盛名的良渚文化
中就有类似情况。

第二种是在积石冢周围，特别是冢的南部，可能
这是冢的前面，经常发现大片的红烧土堆积，应该是
附设于冢的祭祀遗迹。

第三种是已经独立出来的、有一定规模的祭坛。
积石冢一般选用白色石灰岩作为原料，这种独立于冢
的遗迹则用了红色的花岗岩石料。不同于冢内石块平
砌的做法，这些石料被竖立放置，类似"石栅栏"，
并有三重圆圈层层叠砌。这一祭坛位置也在诸冢的中
心，显示出它特殊的地位。

在史前墓葬中，一般以一个墓地的墓葬规模大小

来区分等级高低和社会的分化程度。但是这种方法在红山文化中不再适用，因为红山文化的埋葬完全以冢为单位，独立性很强，每个冢或每群冢都独占山头。

冢内中心大墓明显具有"冢主"的地位，突出"一人独尊"的特点。《礼记·檀弓上》讲古代"墓而不坟"，但是红山文化发达的积石冢上的建筑，却十分突出墓葬的位置与主人至高的身份地位。以大墓为中心形成的高耸而又宏大的冢丘，如后来的王陵，称其为"山陵"并不为过。

庙与坛、冢一起，三位一体形成了红山人独特的世界观。如果说坛和冢关注的是生命的主题，那么庙关注的是神的世界。

辽宁省喀左东山嘴遗址发现了一批陶塑人像，与小型孕妇像共出的，还有一种盘腿正坐、两臂相交的中型的陶塑像，一般认为，这类塑像不会是露天置于坛顶的，应该有"神居之所"。

这种猜测在辽河建平红山文化牛河梁女神庙遗址中得以证实。但是女神庙保存的完好程度、内容的丰富多彩，仍然出人意料，尤其是女神像的逼真和巨大，远远超出了人们的想象。

女神庙是整个建筑群中保存较好的一座主体建筑。庙为土木结构，完全不用石料，这和大量石灰岩构成的积石冢形成了强烈的反差，也

■ 红山文化玉龙 这件玉龙因发现于内蒙古自治区赤峰市郊的红山文化遗址而得名。通体为碧绿色，高26厘米，重1千克，呈英文字母C的形状，因此被命名为C形玉龙。它是我国已发现的时代最早、体形最大、制作最精美的龙形玉器，被誉为"中华第一龙"。玉龙无足、无爪、无角、无鳞，体现了早期中国龙的形象。同时也具有浓郁的神秘色彩，已经显示出成熟龙形的诸多因素。它通体琢磨，简洁优雅，是迄今发现最早的以玉琢制的中华龙的早期形象。红山玉龙对于研究我国远古的原始宗教，总结龙形发展的序列都有着非比寻常的意义。

■红山文化先民制陶场景

表现出红山人精神世界中的两个不同侧面。

庙从平面上看，是个窄长形状，南部一端有圆形的主室，两侧各有一圆形的侧室，北部则是一个长方形房间。从炭化木痕分析，地面上原来立有木柱，柱子的内侧贴上草茎类植物，再涂抹草拌泥，形成墙体。墙面为多层，层层黏合而成，墙上有壁画装饰，有红白两色的几何形回字图案。庙内堆满了遗物，除了坍塌的墙面和屋顶残块以外，就是大量的人物、动物塑像和陶质的祭祀用器。

泥塑动物大多残损，能够辨识出来的有龙形和鸟形两种。能辨鸟形的其实只是一对鸟爪，指节分明，爪尖锋利，造型十分生动，看来是一种大型的猛禽。

人物塑像是庙内的主要遗物。它们大部分是由较粗的泥土为胎捏制的，在外表涂抹细泥质，再打磨光滑而成，有的表面还涂朱或有彩绘。可以看出形状的残件大约有眼球、手部、上臂、肩部、腿部等，表现出明显的女性特征。

女神庙内最重要的是一尊基本完整的女神头像，平放在圆形主室的一侧，除了下唇、左耳略有残缺以外，整个脸部非常完整。女神头像的泥塑原料是黄色土，掺杂了草茎类物，未经过烧制。泥胎的质地较粗，捏塑的各个部位则是细泥，外表经过打磨，表面略呈鲜红色，唇部涂朱。

头像看来具有典型蒙古人种的特征，鼻梁低矮、圆鼻头、无鼻钩、方圆形扁脸、颧骨突出，两眼斜立。尖圆的下颌、圆润的面部和小而纤细的耳部，又具女性的特征。

头像的塑造十分传神，嘴角微微上翘，似乎要开口诉说什么；眼球的处理更为精妙，在凹陷的眼眶内，嵌入两个圆形玉片，真有"画人点睛"的效果，眼神一下子就显得炯炯有光。虽然只余头部，却可由此想见一个富于生命力的女神形象。

从女神庙的遗物可以看出，红山人有着女神崇拜的思想。在古代，女神象征生命的繁衍和大地的收获。作为一个民族生命力延续的象征，在世界各地各原始部族中受到广泛的崇拜。但在我国早期文化中，这种崇拜的证据却不多见。

■红山文化先民生活图

《尔雅》 我国最早的一部解释词义的专著，也是第一部按照词义系统和事物分类来编纂的词典。《尔雅》的意思是接近、符合雅言，即以雅正之言解释古语词、方言词，使之近于规范。《尔雅》是我国第一部按义类编排的综合性辞书，是疏通包括五经在内的上古文献中词语古文的重要工具书。

红山文化女神庙的发现，证明了我国原始信仰中女神崇拜所占的重要地位。

一尊主神的结构和积石冢内一墓独尊的等级相对应，既反映了当时的信仰体系，也反映了当时的社会结构。《尔雅·释宫》定义说"室有东西厢曰庙"，这和女神庙的实际平面布局是可以对应的，因此，可以将女神庙视为我国宗庙建筑的雏形。

红山文化颇具盛名的另一方面，是它发达的琢玉工艺。红山文化的玉器主要有动物形玉器、勾云形玉佩和其他装饰玉件几类。

以玉猪龙为代表的动物形玉器，还包括了龟和鸟两类，这些是红山玉器中内容丰富、制作技术很高的一类器物。不少器物背面有穿孔，从分布情况看，它们有特殊的功用，绝对不会是一般的装饰物件。比如玉龟就常常是成对出土，分握于墓主人的两手，可能具有某种神性的象征。

■ 红山文化勾云形玉器

勾云形玉佩也是红山文化玉器中最常见、又具文化特征的一个品类。它的造型和纹饰富于变化，但又万变不离其宗，似鸟非鸟，似兽非兽。

有趣的是，这类玉佩背面都有孔，但却是竖立放置，而且有孔的

■ 红山文化先民农耕场景

一面冲上。因此，它可能不是简单的缀在衣物上，而是单独存在，另有用途，可能是墓主人入土时手握权杖一类的端部。

红山文化治玉的技术比较先进，制作颇费人工。一般将玉材切割成大致外形，然后通过再加工，将边缘部分磨得圆钝光滑，平面也加工出适度的弧面来，在钻孔后的孔边缘部分也要加工。

在装饰艺术方面，红山人掌握了以简胜繁的要领。他们对玉器表面的刻画十分慎重，要表现动物形象时，总是只有在必要的头部、羽翅位置适度刻画，然后是通体磨光，没有一点额外的功夫。

红山文化玉器最具特色的装饰技法，是在玉器表面一般会磨出很浅、但宽窄深浅十分均匀，并随器物形态变化的浅勾纹。这种技法的难度大大高于一般的切割、刻画、钻孔和打磨，却使玉器温润的特质得到

龟　龟在我国古代与麒麟、凤凰和龙一起谓之四灵。麟为百兽之长，凤为百禽之长，龟为百介之长，龙为百鳞之长。龟又称之为玄武，生活在江河湖海，因而玄武就成了水神；乌龟长寿，玄武也成了长生不老的象征；最初的玄武在北方，所以玄武又成了北方神。

红山文化先民生活图

了最大的发挥。

由于红山文化玉器从器形到制作技法方面的这种种特点，使其在同时代的史前文化中成为佼佼者。"红山玉"也成了古代器物中的精品。

红山文化对玉器的情有独钟，反映的是更高层次的"玉葬之礼"，在这里，玉不仅仅是地位的象征，更可能被赋予了道德、价值的观念。将玉作为"德"的载体，在我国的传统审美意识中，有一个漫长的发展过程，早在5000年之前的红山文化中，这种传统却已得到很好的发挥。

充满神秘气息的玉器，"唯玉独尊"的埋葬制度和恢宏真实的女神崇拜，构成了这个有5000年历史的北方原始文化的立体形象。由于它处于长城南北交会的独特位置，它的辉煌成就便更为发人深省。毫无疑问，红山文化将是中华文明起源历程中一个精彩的前奏。

阅读链接

1981年，牛河梁遗址在文物普查中被发现。

两年以后，这个地点的发掘彻底改变了红山文化在我国乃至世界史前文明史中的位置。

大量的积石冢被发现了，更重要的是女神庙的发现，随葬的神秘而又精致的玉器的大量出土。这项工作立即引起了国内考古界的高度重视。该遗址迅速被定为国家级的重点文物保护单位，并且划定了50平方千米的巨大的保护范围。

从此以后，有条不紊的发掘和不断深入的研究，使红山文化成为中华文明起源中的一出重头戏。

地下瑰宝殷墟妇好墓

　　妇好墓是河南省安阳市殷墟遗址中唯一保存完整的商代王室墓葬，在殷墟小屯村西北面的一片冈地上，是一座并不显眼的商代中型墓葬。

　　殷墟是商王朝后期的王都，据文献记载，自盘庚迁殷至帝辛覆亡，历经8代12王。据夏商周断代工程所列《夏商周年表》确认盘庚迁殷为公元前1300年，武王克商年为公元前1046年，共有200多年，商王朝居殷最久是无可争辩的。

　　妇好是商朝第二十三代君主武丁的3位夫人之一，也是商代一位杰出的女将军，深受商王武丁的信任与宠爱。

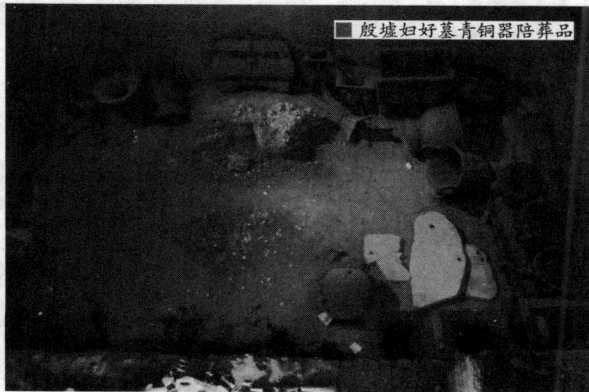
■殷墟妇好墓青铜器陪葬品

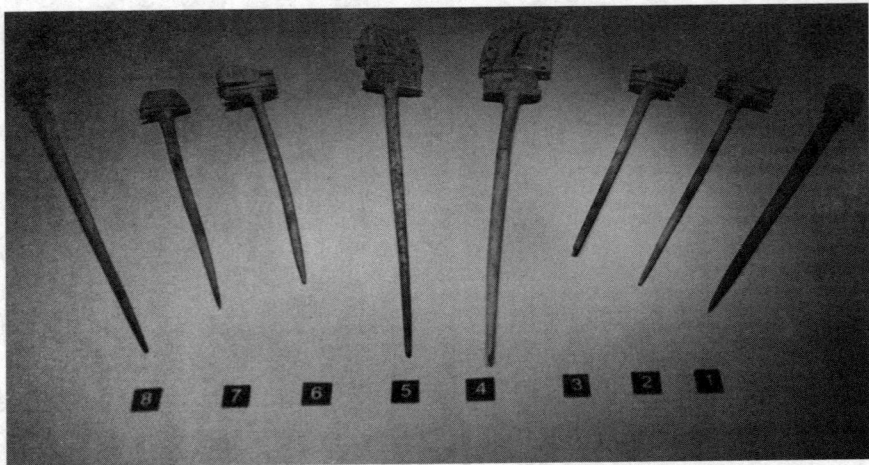

■ 发式骨笄 笄是我国在新时器时代就有的骨笄、蚌笄、玉笄、铜笄等用来固定发髻的簪子。笄的用途除固定发髻外，也用来固定冠帽。固定冠帽的笄称为"衡笄"，周代设"追师"的官来进行管理。衡笄插进冠帽固定于发髻之后，还要从左右两笄端用丝带拉到颌下拴住。从周代起，女子年满十五岁便算成人，可以许嫁，谓之及笄。到二十岁时也要举行笄礼，由一个妇人给及龄女子梳一个发髻，插上一支笄，礼后再取下。

妇好墓5米多长，约4米宽，7米多深，墓上建有被甲骨卜辞称为"母辛宗"的享堂。据说享堂原是商王武丁为祭祀妻子妇好而修建的宗庙建筑，尊其庙号为"辛"。

妇好墓虽然墓室不大，但保存完好，随葬品极为丰富，共出土青铜器、玉器、宝石器、象牙器等不同质地的文物1928件。

妇好墓中刻有铭文的青铜器有近200件。有"妇好"铭文的就有上百件，其中的两件大铜钺最为引人注目，一件以龙纹为饰，一件以虎纹为饰，每件重达八九千克。

据甲骨文判定，它们曾是妇好生前使用过的武器。据考证，铜钺在商代也是王权和军权的象征。

妇好生活于前12世纪前半叶武丁重整商王朝时期，是我国最早的女政治家和军事家。据甲骨卜辞记载，妇好曾多次主持各种类型和名目的祭祀和占卜活动，利用神权为商王朝统治服务。

此外，妇好还多次受武丁派遣带兵打仗，北讨土方族，东南攻伐夷国，西南打败巴军，为商王朝拓展疆土立下汗马功劳。武丁对她十分宠爱，授予她独立的封邑，并经常向鬼神祈祷她健康长寿。

然而，妇好还是先于武丁辞世。武丁十分痛心，把她葬在河南安阳小屯村西北，并且随葬玉器共755件，是商代玉器最多、最集中的墓。

妇好墓的玉石雕刻种类很多，形态各异，展示了当时很高的制玉水平，这些玉石雕刻品中的人像是其中最重要的部分，是了解研究商代雕塑艺术、商代人种、服饰制度、生活情态等方面的宝贵资料。

这些雕刻作品供佩戴、插嵌装饰而用，非独立的雕塑，但所反映出的商代雕塑创作中已具备较准确地掌握头部五官位置和身体比例，并能在小型器上有意放大头部的写实能力；注重发式、冠式的服饰等已显示人物不同社会地位的观察能力。而其中人物面部无表情、双目突出的特点又正是当时流行的雕刻装饰

卜辞 殷人占卜，常将占卜人姓名，占卜所问之事及占卜日期等刻在所用龟甲或兽骨上，其间或刻有少量与占卜有关的记事，这类记录文字通称为卜辞。卜辞有一定的格式。一条完整的卜辞，可分为前辞、命辞、占辞、验辞等部分。前辞，记占卜的时间和人名。命辞，指所要占卜的事项。占辞，记兆文所示的占卜结果。验辞，记事后应验的情况。

■ 殷墟遗址妇好墓出土的玉鹦鹉

■ 青铜箕形器

巫术 是企图借助超自然的神秘力量对某些人、事物施加影响或给予控制的方术。"降神仪式"和"咒语"构成巫术的主要内容。巫术分为黑巫术和白巫术，黑巫术是指嫁祸于别人时施用的巫术，白巫术则是祝吉祈福时施用的巫术，故又叫吉巫术。

手法的体现，具有明显的时代特色。

妇好墓玉器的原料，经鉴别大部分是新疆玉，只有3件嘴形器质地近似岫岩玉，一件玉戈可能是独山玉，另有少数硅质板岩和大理岩。

这说明商王室用玉以新疆和田玉为主体，有别于近畿其他贵族和各方国首领所用的玉器，从而结束了我国古代长达两三千年用彩石玉器的阶段。

妇好墓玉器的玉色以浅深不等的青玉为主，白玉、黄玉墨玉极少。除王室玉之外，还有来自地方方国的玉器，如有的刻铭说明是来自"卢方"的，这反映了商王室玉和方国玉器的工艺特色。

琢玉技巧有阴线、阳线、平面、凹面、立体等手法，在一件玉器上往往有多种琢法，图案的体面处理也有变化。

各种动物形玉饰有神话传说的龙、凤，有兽头鸟身的怪鸟兽，而大量的是仿生的各种动物形象，以野兽、家畜和禽鸟类为多，如虎、熊、象、猴、鹿、马、牛、羊、兔、鹅、鹦鹉等，也有鱼、蛙和昆虫类，其中有些器型尚属罕见。

玉雕艺人善于抓住不同动物的生态特点和习性，雕琢的动物形象富有生活气息，如一件回首状的小鹿，表现出警觉的神情；而头部歪向一侧的螳螂则显得悠闲自在，生动传神。

玉器之外还有绿松石、孔雀石、绿晶雕琢的艺术品和玛瑙珠等。

妇好墓玉器的艺术特点不仅继承了原始社会的艺术传统，而且依据现实生活又有所创新，如玉龙继承了红山文化的玉龙，仍属蛇身龙系统而又有变化，头更大，角、目、口、齿更突出，身施菱形鳞纹，昂首张口，身躯卷曲，似欲腾空，形体趋于完善。

妇好墓的玉凤是新创形式，高冠钩喙，短翅长尾，飘逸洒脱，与玉龙形成对照。玉龙、玉凤和龙凤相叠等玉雕的产生可能与巫术有关。

玉象、玉虎等动物玉雕来自生活，用夸张概括的象征性手法准确地体现了动物的个性，如象的驯服温顺，虎的凶猛灵活等。

玉人是妇好墓玉器中最为珍贵的部分，如绝品跪形玉人，头戴圆箍形，前联结一筒饰，身穿交领长袍，下缘至足踝，双手抚膝跪坐，腰系宽带，腹前悬长条"蔽"，两肩饰臣字目的动物纹，右腿饰 S 形蛇纹，面庞狭长，细眉大眼，宽鼻小口，表情肃穆。其身份是墓主人妇好还是贵妇，难以确辨。

青铜封口盉

无论是玉禽、玉兽还是玉人，均为正面或侧面造型，这是妇好墓玉雕以至整个商代玉器的共同特点。

妇好墓中的大量玉器，说明玉器在商代贵族生活中占有十分重要的地位，这也是"玉不离

■ 司母辛青铜觥

蟠龙 是我国民间传说中蛰伏在地而未升天之龙，龙的形状作盘曲环绕。在我国古代建筑中，一般把盘绕在柱上的龙和装饰庄梁上、天花板上的龙均习惯地称为蟠龙。传说中，蟠龙是东海龙王的第十五个儿子，他时常偷跑到人间游玩，当他看见人间遭遇干旱，他便使用法术帮忙人们，从而得到人们的敬仰。

身"的最早例证。商文化是经过长期的发展所形成的，从玉器可以看出在发展过程中吸收了新石器时代某些文化的先进因素，并不断发展和创新，丰富了商文化的内涵。

另外，妇好墓大型青铜礼器、武器和象牙器等也显示了商王朝的兴旺和手工业的发展水平。

青铜器共468件，以礼器和武器为主，礼器类别较全，有炊器、食器、酒器、水器等。多成对或成组，铸"妇好"铭文的鸮尊、盉、小方鼎各一对，成组的如圆鼎12件，每组6件，铜斗8件，每组4件。

"司母辛"铭文的有大方鼎、四足觥各一对。其他铭文的，有成对的方壶、方尊、圆罍等，而且多配有10瓿、10爵。

有铭文的铜礼器190件，其中铸"妇好"铭文的共109件，占有铭文铜器的半数以上，而且多大型重器和造型新颖别致的器物。如鸮尊、圈足觥造型美观，花纹繁缛。

三联甗、偶方彝，可说是首次问世。三联甗由一件长方形甗架和3件大甑组成。甗架形似禁，面部有3个高起的喇叭状圈口，可放置3件大甑。腹腔中空，平底，下有6条扁形矮足，外底有十字形铸缝。

架面饰蟠龙纹3组，分绕3个圈口，龙头做侧面形，两端的头朝下，中间的头朝上。在一端蟠龙之前有一个兽面和一龙。龙的身尾均饰菱形纹和小三角形纹。架面四角分别饰以牛首纹，牛口向外。

圈口周壁饰三角形纹和一周云纹。甗架四壁也有精细花纹：长边两面各饰五组龙纹和6个大圆形火纹，两者相互间隔，其下接饰大三角纹10个；短边两面中部各有一龙，两侧饰以大圆形火纹。主纹均以雷纹为地。在中间圈口的内壁有铭文二字。

甑形制较大。敞口，下腹急收，凹底，底有3个扇面形孔，兽头半圆形空心耳。口下有两条细棱，饰游动状的龙纹两组，每组二龙，头相对，以雷纹为地。在龙身的上下侧分别填以圆形火纹。3件甑的口下内壁与两耳外壁分别有铭文两字。

三联甗是灶形器与甑配套使用，它可以同时蒸出三大甑相同或不同的食品，又可移动位置，使用方便，是炊具的创新。

妇好墓中这件偶方彝的器盖似屋顶，两端有对称的短柱钮，长边各有7个方形盖和7个尖形盖，正好和

历史之魂 六个大考古发现

饕餮 我国古代传说中的龙的第五子，是一种想象中的神秘怪兽。古书《山海经》介绍其特点是：羊身，眼睛在腋下，虎齿人爪，有一个大头和一张大嘴。十分贪吃，见到什么就吃什么。

盉 是古代盛酒器，是古人调和酒和水的器具，用水来调和酒味的浓淡。盉的形状较多，一般是圆口，深腹，有盖，前有流，后有鋬，下有三足或四足，盖和鋬之间有链相连接。青铜盉出现在商代早期，盛行于商晚期和西周，流行到春秋战国。

■ 精美绝伦的骨饰

器身槽口吻合。器盖与器身装饰饕餮纹、夔纹、鸟纹、三角形纹等。

妇好墓的武器有戈、钺、镞等，两件铸"妇好"铭文的大铜钺最令人瞩目，一件纹饰做两虎捕捉人头，虎似小虎，形象生动。相似的图案曾见于"司母戊"大鼎的两耳上，似有震慑作用。

大铜钺是我国古代用于劈砍的格斗冷兵器。由斧身和斧柄组成。斧身为石质、铜质或铁质，斧柄为木质。钺与斧形制相近，区别是钺形体薄、刃部宽而且成圆弧形。

钺主要是作为军权的象征，所以钺大多铸造精良，钺身上刻有人面或兽面纹饰，形象狰狞，给人一种威慑力。

妇好墓中有3件象牙杯，有两件成对，其中一件夔鋬杯的形状似觚，通体以双线阴刻繁缛精细的饕餮、夔龙、鸟等图案，其口、眼、眉、鼻以及身部镶嵌绿松石，图案周围刻以细纤的"回"纹作为衬托。杯的一侧安以鸟、夔龙图案的鋬，其目、喙、羽、爪、眉及身部也都镶嵌绿松石。另一件象牙带流虎鋬杯，是我国最高的象牙杯，造型美观，雕琢精致，堪称国之瑰宝。

青铜宝藏春秋赵卿墓

赵卿墓发现于山西省太原金胜村，是一座保存最好、获得资料最为丰富的大型春秋晚期墓葬和一座大型车马坑，也是春秋时期等级最高、规模最大、随葬品最丰富、资料最完整的晋国的高级贵族墓葬。

西周时，晋国是一个重要诸侯国；春秋初至晋文公称霸时，6个异姓贵族成为晋国的新兴势力，他们是赵、魏、韩、范、中行、知氏，即所谓的"六卿"。

赵卿墓的主人嬴姓，赵氏，名鞅，谥简，春秋时曾担任晋国执政卿达22年，叱咤疆场，雄霸于诸侯。他

赵卿墓出土的龙纹壶

■ 赵卿墓出土的扁壶

兽面纹 我国古代青铜器上常见的花纹之一，是古人融合了自然界各种猛兽的特征，同时加以自己的想象而形成的，其中兽的面部巨大而夸张，装饰性很强，常作为器物的主要纹饰。兽面纹有的有躯干、兽足，有的仅做兽面。

曾命董安于修建晋阳古城，并开启了太原城的历史。

春秋末年，晋国公室衰微，大权旁落，分属六卿，史称"六卿专权"。赵简子挟强大武装，合诸侯之兵，戍周十载，又铸"刑鼎"，颁布晋之法典。

同时，赵简子为了赵氏在晋国政局中立于不败之地，开始了北进的行动，在其新的采邑地营建了一个军事城堡，并以此为中心，扩展自己的势力范围，这就是居于晋水之北的晋阳。赵简子派遣谋臣董安于治理晋阳。

公元前477年，叱咤风云、驰骋疆场的赵简子故去了。赵简子功勋卓著，权重一朝，在其死后，晋人自然给予其隆重的厚葬。其墓葬为大型积石积炭大型木椁墓，仅随葬品即达3100件，其中青铜器1690件。青铜礼器是核心，有一套七鼎，是墓主人显赫身份的重要见证。

赵卿墓墓圹为东西向的长方形竖穴土坑，口大底小，四壁光滑，无墓道。墓室正中，放置一椁和三层套棺。

椁室较高，面积近40平方米，没有支柱，椁四周、椁盖上及底部均积石积炭，椁室由柏木方搭制而成，与棺木皆腐朽，但可见刷漆修饰痕迹。因椁室坍塌，大多数随葬物品已破碎或变形。

墓主人仰身直肢卧于第三层木棺中，头向东，身下朱砂铺底，双手置于腰部，骨骼早已腐蚀。这位70岁左右的老者，身边陪葬有成对的戈、数以百计的镞等许多兵器，腰间还有4把青铜剑和4件纯金带钩，全身上下被瑞玉、佩玉、水晶及玛瑙制品所围。

赵卿墓全部随葬遗物除青铜器外，另有石磬、玉器、金器、陶器、木器、骨角器、玛瑙、水晶串珠、玻璃串珠、绿松石串珠、蚌器、海贝等。

赵卿墓随葬青铜器中，礼、乐、兵、舆器齐全。礼器是最重要的组成部分，鼎是其中的核心，镬鼎、升鼎和羞鼎三类齐备，共有27件，各式形状相同，纹饰一致，大小相次。

其中一件为附耳牛头螭纹蹄足镬鼎，圆口，平折沿，附耳，束颈，深腹，圆底，兽蹄形三足；鼎耳、器腹饰夔纹和蟠螭纹，颈饰牛头双身蟠螭纹，鼎足跟部是高浮雕的兽面纹；形体硕大，为所见春秋时期最大鼎。

另外还有5件立耳凤螭纹蹄足羞鼎，7件附耳牛头螭纹蹄足升鼎，6件铺首牛头螭纹蹄足升鼎，5件铺首环耳螭纹蹄足升鼎，2件猪钮蹄足鼎，1件卧牛钮蹄足小鼎。

列鼎制度是以"升鼎"

■ 赵卿墓出土的鸟尊

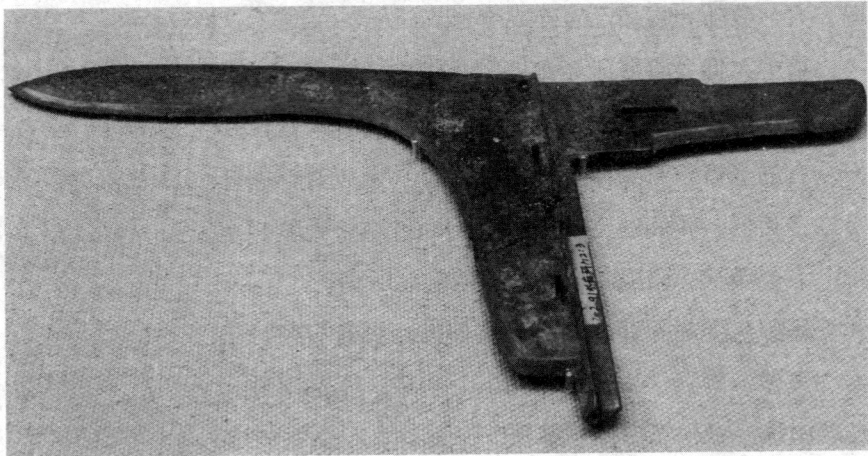

■ 战国青铜戈 古代兵器中的一种"勾兵"，用于钩杀。由铜制的戈头、木或竹秘、秘上端的秘冒和下端的铜镦四部分构成。战国时期，戈为士兵的标准装备，在实用之外，也是"战争""武器"等形象的代名词。

圭 古代在祭祀、宴飨、丧葬以及征伐等活动中使用的器具，其使用的规格有严格的等级限制，用以表明使用者的地位、身份、权力。圭始见于商代而盛行于春秋战国。战国以后圭不再流行，各代帝王在点缀朝廷的威仪时曾制造过，但是多数没有流传下来。

为核心的，此墓共出3套"升鼎"，分别为7件、6件、5件一套，属"七鼎"之礼。

墓中发现有青铜壶8件，分方壶、扁壶、高柄小方壶、匏壶4种。方壶形制硕大，凝重古朴。高柄小方壶则小巧精致，盝顶，方口，腹隆鼓，长柄，喇叭形圈足，壶顶上二龙飞舞，器腹菱形纹交错。

匏壶尤其精美绝伦，壶体似一匏瓜，盖呈鸷鸟形，双目圆瞪，尖喙大张，细长颈，短尾，一双利爪紧紧抓住两条扭动的小龙，壶的肩腹部有一虎形捉手，从虎口衔环引出一条铰链，与壶盖的鸟尾相连。

赵卿墓有铜垒两件，形制相同，浮雕夔纹，端庄稳重。大鉴4件，主纹饰为粗犷威武的夔纹，器耳为高浮雕的兽头，雄浑庄严。与鉴相配套的盥洗器还有盘和匜。

盘圆口平沿，浅盘平底。匜有两种类型，一种是3件虎头提梁匜，质较厚实；另一种是器尾衔环的线刻纹匜，笔画细如发丝，遒劲有力。

赵卿墓除了大量的青铜器，还有玉器297件。墓主人身下铺满朱砂，口含玉块，身上放玉璜、玉璧、玉瑗、玉璋、玉佩、玉琼、玉圭、玉管和玉片等大量玉器，还佩戴有晶莹圆润的玛瑙环与色彩斑斓的料珠，手腕、脚腕上都饰有成串的水晶珠。

赵卿墓玉器的制作工序主要有切割、磨砺、抛光、钻孔、雕刻花纹等。绝大多数玉器制作精致，花纹精美，显示了当时晋国高超的琢玉工艺。

古代贵族死后要把乐器作为随葬品置于墓主人身旁，希冀灵魂伴着美妙的音乐升天。

赵卿墓中的乐器共有32件，包括青铜编镈与石磬各一套。镈是春秋晚期新出现的一种大型单个打击乐器，形制与钮钟相同，但形体特大，是指挥乐队的节奏性乐器。

赵卿墓中的多件镈，形制相同，大小次减，应是成列的一套编镈，而按其纹饰、音调可分为夔龙夔凤纹镈和散虺纹两种。

赵卿墓中的兵器共计779件，主要有6件剑、31件戈、20件矛、10件钺、9件戟，以及510件匕、刀、镞等。虎鹰搏击透雕戈，在戈的骨和刃上透雕的猛虎雄鹰搏击图，将春秋时期战争的残酷场面表现得淋漓尽致。在墓主人的内棺还发现了一件带有铭文

钺 我国古代武器及礼器的一种，为一长柄斧头，重量也较斧更大。早在新石器时代良渚文化遗址中，已发现玉制的钺，在当时具有神圣的象征作用。后因形制沉重，灵活不足，终退为仪仗用途，常作为持有者权力的表现之用。

■ 赵卿墓出土的蟠龙纹鼎

"赵孟之御戈"的戈，这是确定墓主人身份的重要实物。

在墓主内棺中出土的4把青铜剑，是春秋兵器中的瑰宝。剑身修长、单脊、宽从、锋刃。剑的格、鞘都饰有玉雕。这些兵器也许是墓主人的心爱之物。

虎形灶和帐篷顶是行军作战随身携带的生活用具。赵卿墓出土的虎形灶是一件形制比较奇特的青铜灶具，由灶体、烟筒、釜、甑4部分组合而成。

灶体上前有虎头形火门，中间有放置甑器皿的灶膛，后有可安放烟筒的烟道。此灶适用于行军作战，兼有中原和草原文化的特点。

赵卿墓的车马坑位于该墓的东北侧，是赵卿墓的重要组成部分。平面呈曲尺形，由车坑与马坑两部分垂直交会组成。

车坑位于曲尺形平面西部。车坑底部先挖好轮槽，埋入时将车轮嵌入槽内，车轴紧贴坑底，此方法为国内首次发现。车坑中陪葬车至少16辆，分南北两列，依次由西向东整齐排列。

庞大的车马坑，众多的车马器，使人们仿佛看到了战旗烈烈、战火熊熊、车辚辚、马萧萧的战争场面和赵简子指挥若定、运筹帷幄的大将风度。

阅读链接

1987年7月，太原第一热电厂在太原市南郊的金胜村附近进行厂址的第五期工程扩建，意外地发现了一片古代墓葬。

随着一件件文物的出土，考古专家发现，这座墓葬规格之高，规模之大，堪称已发现的东周晋国墓葬之最，在发掘过程中，考古专家在墓主人内棺附近发现一件刻有5个线刻文字的青铜戈，这个铜戈是墓主人生前佩带的防身之物。

这5个字被考定为"赵孟作御戈"，根据这个重要线索，查阅相关历史书籍，通过对陪葬品的种种分析、研究，专家确定，这座墓葬的拥有者，就是赵简子赵鞅。

陵墓奇珍中山国王墓

中山国王墓位于河北省平山县，是春秋战国时代中山国王䶮的陵墓，王䶮生于公元前344年，公元前327年成为中山国第五代君主。

中山国是春秋战国时代位于太行山东侧的一个小国，是我国北方少数民族白狄族的一支鲜虞人建立的国家，分布在河北境内，以正定为中心。而至战国时期，发展成为北方"千乘之国"，在战国时期占有重要地位。

尤其是王䶮执政时期，中山国国富兵强，曾与战国七雄中魏、韩、赵、燕五国共同称王，以抵御秦、齐、楚等强国的侵略。继后伐燕也取得大胜，国势达到空前鼎盛时期，使中山国跻身于强国之林，历史地位更显重要。

那时，中山国和赵国世代为仇，经

■错金银马首形青铜辕

■ 中山国王墓出土的错金银龙凤座方案

胡服骑射 指学习胡人的短打服饰，同时也学习他们的骑马、射箭等。"胡服骑射"之后成了我国服饰变化的总体倾向。减弱了华夏民族鄙视胡人的心理，增强了胡人对华夏民族的归依心理，奠定了中原华夏民族与北方游牧民族服饰融合的基础，进而推进了民族融合。

常发生战争。历史上著名的赵武灵王"胡服骑射"的改革，一个主要目的就是强兵富国消灭中山。

中山国自建国至灭亡，历时400多年，但由于史书缺载，有关中山国的资料只靠零碎的推断。而中山国王璺的陵墓则证明了中山国的真实存在，他36岁去世，他生前耗费巨资为自己营建陵寝，制作玩物。

国王墓为一大型墓群，三号至六号4座大、中型墓呈东西向排列，附近都有陪葬坑。另距城址西墙2000米处，并列着一、二号两座大墓，墓上及附近有建筑遗址、陪葬墓、坑等。

一号墓最大，为中山国王之墓，埋葬时间在公元前310年左右。墓上封土呈方形，由下而上为3层台阶。第1层内侧有卵石筑成的散水，第二层有回廊建筑遗址。

墓主室平面呈中字形，南北长约110米，宽约29米。室壁成4级阶梯，表面用白粉涂饰。椁室在室内中部，平面方形，用厚约两米的石块砌成，椁室内约有四层套棺。

一号墓椁室内发现了珍贵的兆域图铜板，兆域图是一幅葬域建筑平面图，图中注明建筑各部分尺度以及王后和夫人的棺椁制度等。它是我国最早的建筑设计图，根据此图并结合遗址，可以推测出王墓建筑的原状非常雄伟。

一号墓南北各有一条墓道。墓葬周围有6座妾、婢陪葬墓、两座车马坑、一座杂殉坑和一座葬船坑。

国王墓的随葬器物很多，但多属雕塑作品，主要是生活用具和礼器等，有青铜礼器、兵器、乐器，以及玉器、金器和陶器等随葬品1万余件，真实地再现了中山国的物质生活面貌。

一号墓的青铜器有鸟柱盆、错金银龙凤座方案、虎座15连盏灯、错银双翼神兽、错金银虎噬鹿器座、错金银犀形器座、错金银牛形器座、错金银神兽等；发现于六号墓的，有银首人形灯、鸟柱盆、错银镶金镶绿松石牺尊等。其中，各种动物形器物，造型都很生动。

最成功的作品是错金银虎噬鹿器座。作者选择了虎已将鹿攫住、鹿犹

礼器 我国古代贵族在举行祭祀、宴飨、征伐及丧葬等礼仪活动中使用的器物。我国最早的礼器出现在夏商周时期，主要以青铜制品为主。商周青铜礼器又泛称彝器。进入商周社会后，礼器成为"礼治"的象征，用以调节王权内部的秩序，从而维护社会稳定。这时的礼器包括玉器、青铜器及服饰等。

■ 西汉错金银青铜壶

■ 错金银云纹青铜
犀尊

错金银 是古代
金属细工装饰技
法之一。这种工
艺最早始见于我
国商周时代的青
铜器，主要用在
青铜器的各种器
皿、车马器具及
兵器等实用器物
上的装饰图案。
"错"，就是把
金银涂画于青铜
器上的意思。它
是我国古代科学
技术发展到一定
阶段的产物。

在挣扎的瞬间，虎腹弯曲贴地，尾平甩起，四肢有力
地撑持着，预示即将转身腾跃，从姿态的转变中表现
了力度和运动感。

虎座立柱上有15盏灯歧出，有如灯树。底盘由3
只一首双身的虎承托着，盘镂空刻蟠龙，盘上立有两
个裸上身的人正与灯树上的6只猴子戏逗，树中间栖
大鸟，再上，有长龙向顶部攀援。

错金银龙凤座方案以底座上的4只鹿承托，器的
主体部分为纠缠交叉在一起的4条龙4只凤结构而成，
局部变化多端而整体关系明确简洁，显示了战国金属
工艺作品的构思精密和制作严谨。

一号墓有50余件铭刻铜器，其中有"刻铭铁足铜
鼎""夔龙纹铜方壶""铜圆壶"，方壶与大鼎铭文为
中山王所著，这几件铜器铭文提到了导致燕国内乱

的燕王哙让位于相邦子的事件，中山国见机派相邦司马赒率军北略燕国，占领数百里的燕地。

中山国王墓中的玉、石器多发现于一号墓和三号中型墓，玉器有1000件以上，它们质地坚硬、光泽温润，彩色柔和，是崇高与珍贵的象征，大部分也刻画着抽象的动物形态。

重要的有3件小玉人，其中两件为头梳牛角形双髻的妇女，一为儿童；由虎、蟠虺和兽面等纹饰组成的浮雕线刻石板；玉佩饰中的三龙蟠环透雕佩及龙、虎形佩，具有玲珑剔透之美。

中山人自古就以擅长酿酒而闻名，一直流传着许多与酒有关的神奇故事。国王墓中发现的酒已埋藏了2300多年，仍然散发着浓郁的醇香之气，是世界上第一次发现的最古老的实物酒。

国王墓中这些丰富的文化遗产，形象地说明了中山国人的聪明与智慧。他们在继承北方优秀文化的同时，又吸收着中原文化的先进成分，创造出了令世人惊叹的灿烂文化。

阅读链接

中山国的历史文化面貌在我国的史书上很少见到，一直是历史学界长期悬而未解的问题。

1974年，在河北省平山县发现的中山国王𰯼的陵墓提供了很多有价值的史料。

有些考古学者认为因为在墓中有鲜虞族的器具，所以推断中山国最早是由北方民族鲜虞人所建立，而也有人认为中山国境内鲜虞与华夏民族因长期来往与共同生活而融合，使得彼此文化上的差异也逐渐消失。

文化宝库西汉南越王墓

西汉南越王墓位于广东省广州解放北路的象岗山上，是西汉初年南越王国第二代王赵眜的陵墓。

在秦末楚汉相争之际，时任南海郡尉的赵佗吞并桂林、象郡，于公元前203年建立南越国，定都番禺。南越国疆域基本就是秦朝岭南三

西汉南越王博物馆

■ 南越王赵眜的丝
缕玉衣

郡的范围，东抵福建西部，北至南岭，西达广西西部，南濒南海。

从赵佗最初称王后，南越国共传5代王，历时93年。开国之君赵佗僭称南越武帝，第二代王赵眜为赵佗次孙，在《史记》中被称为赵胡，僭称文帝，第三代王赵婴齐为赵眜之子，死后称明王，皆筑有陵墓。

赵眜的南越王墓劈山为陵，从象岗顶劈开石山20米，凿出一个平面"凸"字形的竖穴，再从前端东、西侧开横洞成耳室，南面开辟斜坡墓道。墓室以红砂岩石仿照前堂后寝的形制砌成地宫，墓顶用24块大石覆盖，再分层夯实而成。

墓室仿照生前宅居筑成，墓室坐北朝南，前三后四共7室。墓主居后部中室，前厅后库，前部东西为耳室，后部东西为侧室。殉葬者共15人，其中姬妾4人，仆役7人。

南越王墓的前部前室四壁和顶上均绘有朱、墨两色云缎图案；东耳室是饮宴用器，有青铜编钟、石编

西汉　前202年由刘邦建立，又称前汉，与东汉合称汉朝，是我国古代秦朝之后的大一统封建王朝。西汉奠定了现代中国版图；开辟了连接欧亚大陆的丝绸之路；首次确立了儒家的核心地位等。对中国2000多年的封建社会和世界历史进程产生了决定性的影响。

钟和提筒、钫、锫等酒器以及六博棋盘等。

西耳室是兵器、车、马、甲胄、弓箭、五色药石和生活用品、珍宝藏所，尤其珍贵的是来自波斯的银盒、非洲大象牙、漆盒、熏炉和深蓝色玻璃片。这证明南越国早期或更前年代广州已与波斯和非洲东岸有海上贸易。

后部主室居中，为墓主棺库主室，墓主身穿丝缕玉衣，随身印章9枚，最大一枚为"文帝行玺"龙钮金印，此外，还有螭虎钮"帝印"。龟钮"泰子"金印以及墓主"赵眜"玉印等。

东侧室为姬妾藏室，殉葬姬妾4人均有夫人印一枚；西侧室为厨役之所，殉葬7人，无棺木，室后置猪、牛、羊三牲。后藏室为储藏食物库房，有近百件大型铜、铁、陶制炊具和容器。

■ 南越王赵眜的玉玺

南越王墓共发现遗物千余件套，其中金印是国内首次发现的汉代帝王金印。这对研究秦汉时期岭南土地开发、生产、文化、贸易、建筑等状况以及南越国历史等方面都具有重要价值。现就陵墓及部分珍贵文物做较详细的介绍。

南越王墓有一件物品被称为"镇墓之宝"，那就是"文帝行玺"金印，是我国发现的第一枚帝印。在传世或发现的秦汉印章中，未见一枚皇帝印玺，只有文献记载。

据文献所讲，帝印都是白玉质印、螭虎钮印，印文是"皇帝行玺"或"天子行玺"；而南越国赵眜这枚帝印却是金质印、蟠龙钮印，印文是"文帝行玺"。这是金印的独特之处，是南越国自铸、生前实用之印。

这枚"文帝行玺"金印是正方形，印台重148.5克，含金量非常高。印面呈田字格状，阴刻"文帝行玺"4个小篆体的字，书体工整，刀法刚健有力。

蟠龙钮是一条龙蜷曲的样子，龙的首尾和两足分置在4个角上，似腾飞疾走，印面槽沟和印台四周壁面都有碰撞和划伤的痕迹，而且还遗留着一些暗红色的印泥。印台背上的龙，有些部位磨得十分光滑，说明这枚金印是墓主人生前日常行使王权的大印。

南越王墓除了"文帝行玺"金印外，还有"泰子"，即太子金印和"右夫人玺"金印，但不是龙钮，而是龟钮。"泰子"金印也是首次发现，在传世印玺中未曾见过。

按秦汉礼制规定，只有皇帝、皇后的才能称"玺"，其他臣属的印是不能称"玺"的。皇帝用玺

■ 南越王赵眜的"文帝行玺"金印

弓 是抛射兵器中最古老的一种弹射武器。它由富有弹性的弓臂和柔韧的弓弦构成，当把拉弦张弓过程中积聚的力量在瞬间释放时，便可将扣在弓弦上的箭或弹丸射向远处的目标。弓箭作为远射兵器，在春秋战国时期应用相当普遍，被列为兵器之首。自人类出现战争到近代枪炮大量使用为止，弓的作用是任何武器无法替代的。

并非只有一种，而有多种。

例如用于赐诸侯王的"皇帝之玺"、用于封国的"皇帝行玺"、用于发兵的"皇帝信玺"、用于册封外国的"天子之玺"等。

"皇帝玺"被视为"传国玺"，历代统治者视为保国镇疆之宝，正所谓"得宝者得天下，失宝者失天下"。而赵眜的"文帝行玺"是个人专用，不往下传，因此死后用于陪葬。

历史上发现的印实属较多，但是大多数是铜质、玉质或水晶质的，很少发现有金印，大概只有12枚，12枚金印中属东汉的有8枚，属西汉的4枚，仅南越国便占了3枚。

南越王墓的金器除金印外，还有金带钩、金花泡和杏形金叶，均是饰物。而金花泡普遍被认为是海外输入的"洋货"。

南越王墓中有一件白色的银盒特别引人注目，那闪闪发光的花瓣显得尤为突出。在主棺室，盒内有10盒药丸。

从造型、纹饰和口沿的鎏金圈套等工艺特点看，银盒与我国传统的器具风格迥异，但与古波斯帝国时期遗物相似。经化学分析、研究，认为是波斯产品，银盒

玺 "玺"是我国印章最早的名称。秦以前，无论官、私印都称"玺"。秦统一六国后，制定一系列等级制度，当时规定"朕"仅为皇帝专用，皇帝印章独称"玺"，其材料用玉，臣民只能称"印"，而且不能用玉。

■ 南越王墓出土的铜承盘高足玉杯

里的药丸很可能是阿拉伯药。因此，银盒并非南越国制造，而是海外舶来品，具有重要的历史价值。

南越王墓的银器除了银盒外，还有银洗、银卮和银带钩，都是越王室的专用器具。7件银带钩工艺十分精美，有5种式样、钩首有雁头形、龟头形、龙头形和蛇头形等。

铜器在南越王墓随葬物中占有重要地位，共有青铜器500多件，不但品种数量多，而且制作工艺技术精湛，极具地方特色。这批铜器中有厨具、饮食用具、酒器、乐器、生产工具及各种日用器具等。

铜鼎共有36件，有汉式鼎、楚式鼎和越式鼎，其中有9件刻有"番禺"铭文，都是由南越国的都城工匠所造，是广州建城历史的重要物证。

特别是越式大鼎。鼎内有"泰官"封泥一枚。南越国也像西汉一样设有"泰官"一职，是掌管南越王日常饮食的职官。

■ 南越国六山纹铜镜

封泥 又叫作"泥封"，它不是印章，而是我国古代盖有印章的干燥坚硬的泥团，是古代用印的遗迹保留下来的珍贵实物。由于原印是阴文，钤在泥上便成了阳文，其边为泥面，所以形成四周不等的宽边。后世篆刻家从这些珍贵的封泥拓片中得到借鉴，用以入印，从而扩大了篆刻艺术取法的范围。

■ 南越王墓出土的
龙虎并体玉带钩

莲 莲花是我国传
统花卉，古名芙
蕖或芙蓉，从春
秋战国时就曾用
作为饰纹。自佛
教传入我国，便
以莲花作为佛教
标志，代表"净
土"，象征"纯
洁"，寓意"吉
祥"。在石刻，
陶瓷、铜镜和彩
绘上到处可见。

铜壶共9件。特别值得一提的是一个鎏金铜壶，细长颈，大腹，造型美观大方，通体鎏金，光亮华丽，是一件艺术精品。

铜提筒共9件，是南越王墓中最具地方特色的器物之一。特别是一个船纹铜提筒，除器身有几组几何饰纹带外，最为突出的是4只首尾相连的羽人船，每船有羽人5名，各饰羽冠，赤脚。船首倒挂一具人头；船首尾各竖两根羽旌。

5个人形态各异，有的划桨，有的击鼓，有的持兵器，有的在杀俘虏祭海神。船与船之间还有海龟、海鱼等做装饰，形态生动，工艺精美，是精美的艺术品。

南越王墓中的39件铜镜大部分都是精品，例如连弧龙纹镜、带托镜、十字龙凤纹镜、绘画镜、六山纹镜等。其中绘画镜是彩绘人物大画镜，为国内最大的西汉绘画圆镜，是汉代铜镜中的珍品。

绘画圆镜仍保留白、青绿两色的绘人物组画，中央有两人做跨步弓腰斗剑表演，两侧各有4人站立围观，生动逼真。周围和中间还配以连弧纹和卷云纹。

还有一件六山纹镜，有6个斜形山字，衬以浪花形羽状纹和莲叶形花瓣纹饰。

铜熏炉共有11件，有单件和四连体的，炉腹和顶盖均镂孔透气，是用来焚香料的，香料被认为是舶来品，这是最能反映南越国地方特色的典型铜器，其复杂的工艺反映了当时的铸造技术水平。

宴乐之器是古代统治者炫耀其奢华生活和身份地位的标志。南越王墓内东耳室有一批乐器，旁边还有一名殉葬的乐师。

乐器可分铜、石、陶、丝四大类，青铜乐器有钮钟一套14件，甬钟一套5件，句鑃一套8件。

句鑃扁方形实柱体柄，弧形口，阴刻篆文"文帝九年乐府工造"，并刻有"第一"至"第八"的编码，是我国唯一发现具有年代而又有序号的句鑃。

南越王墓中的兵器种类多，数量大，除15把剑为铁质外，其余皆为铜造。最为难得的是一把"张仪"铜戈，铭文"王四年相邦张仪"等字，"王四年"应为秦惠王时。由张仪监造，说明是由秦带入南越的。

铜虎节是一件难得的珍品。姿态生动威猛，蹲虎欲跃，虎头

■ 南越王墓出土的凤纹牌形玉佩

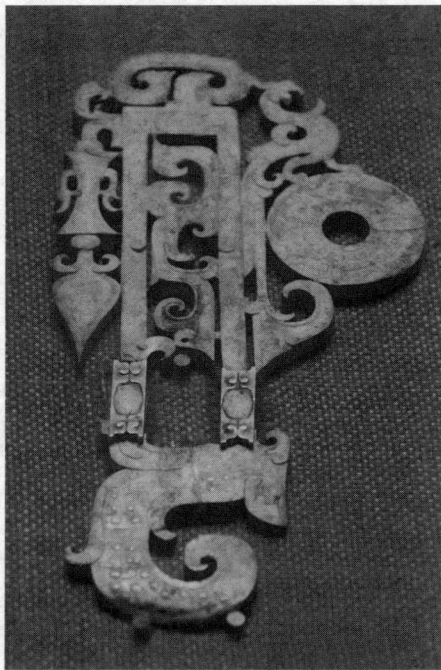

■ 南越王墓出土的
玉璧

昂扬。张口，露齿，弓腰，卷尾，饰以错金虎斑纹，是国内仅存的一件错金虎节尤为珍贵，有错金铭文"王命：车徒"，属于孤品，是一件重宝。节是外交和军事上的信符，有虎节、龙节、人节之分，可以用来证调战车和士兵。

铜钫是一个方形壶。腹呈椭圆形突出，饰以繁缛的浮纹，复杂多变。这种盛酒的铜器制作精良，具有透雕风格，更能衬托出主人酒的名贵与醇香。

墓中的铜构件较多，有鎏金铜铺首6件。有一个已朽的漆屏风的铜构件多种，例如，转角鎏金铜托座、鎏金蟠龙托座、正间鎏金铜托座、鎏金朱雀铜顶饰、鎏金双面兽形铜顶饰等。

玉璧是正中有孔的圆形玉器。南越王墓有各种玉璧56件，仅主棺室就有47件，说明墓主对玉璧的喜爱。特别是主棺室的一件大玉璧，是墓中所有玉璧中最大的一件，雕刻精致，纹饰古朴庄重，颇有帝王之气，是我国已知玉璧中体形最大、龙纹饰最多的一块，被称为"璧中之王"。

算筹 根据史书的记载和考古材料的发现，古代的算筹实际上是一根根同样长短和粗细的小棍子，多用竹子制成，也有用木头、兽骨、象牙、金属等材料制成的，放在一个布袋里，系在腰部随身携带，放在桌上、炕上或地上都能使用。

玉衣是汉代特有的丧葬殓服，东汉灭亡以后，未发现有玉衣。玉衣是有等级规定的，有金缕、银缕、铜缕玉衣，诸侯王多用金缕，也有用银缕的。

而南越王墓的这件丝缕玉衣为首次发现，也是我国唯一的一件。整件玉衣全长1.73米，共用玉片2291块，用朱红色丝带粘贴，构成多重几何形纹样，色彩鲜艳。

另外墓中有玉印共9枚，其中3枚有文字的玉印都是出在主棺室墓主身上，分别是"赵眜""泰子""帝印"的方形玉印。"赵眜"印和"帝印"都是墓主身份的物证。

在人们生活中，陶器比其他器具的存在时间更长、作用更大、关系更密切。南越王墓共有陶器371件，计有储容器、炊煮器、日用器，还有网坠、响器和模型明器等，众多的陶器说明其在王宫的日常生活中的重要作用。

在西室中还发现原支大象牙一捆，共5支、并排堆放。经鉴定，这5支大象牙的产地是非洲，可能是通过海上丝绸之路来到广州的。另外还有刻画象牙卮、象牙算筹等，可见这些大象牙是进口雕刻原料。

阅读链接

西汉南越王墓是1983年发现的南越国第二代国王赵眜之墓，是已发现汉代最早的彩绘石室墓。

墓中出土文物1000多件套，共万余件，集中反映了2000多年前南越国政治、经济的发展状况。

南越王墓是我国重大的考古发现之一，1996年被列为全国文物重点保护单位。

佛门秘宝法门寺地宫

　　法门寺位于陕西省宝鸡市的扶风县法门镇。据传法门寺始建于公元68年，周魏以前也叫阿育王寺，隋改称成实道场，唐初改名法门寺，被誉为皇家寺庙，因安置释迦牟尼佛指骨舍利而成为举国仰望的佛教圣地。

法门寺内的地宫

■ 法门寺宝函

公元前486年，佛祖释迦牟尼圆寂之后，他的弟子们用香木焚烧了他的遗体等大火熄灭以后，在灰烬中发现了许多圆珠一样的结晶体，还有一节手指骨、4颗牙齿和一块头盖骨等，称之为"舍利"。

从此，舍利就被视为佛门的圣物，而那节没有焚化的手指骨就称作"佛指舍利"。200年后，称霸印度河流域的古印度孔雀王朝阿育王为弘扬佛法，把舍利分载于8.4万个宝函，由僧众分送世界各地。

东汉灵帝时期，虔诚的佛教徒们带着佛指舍利来到我国陕西，恰逢扶风镇上光芒万丈，汉灵帝视为吉兆，大喜之下令工匠造地宫秘藏佛指舍利。

地宫是我国佛塔构造特有的一部分，用以瘗藏佛舍利、佛的遗物、经卷等法物的密室。它不同于古印度把佛舍利藏在"刹竿"里的做法，而与我国古代的深藏制度结合。

舍利 原指佛教祖师释迦牟尼佛，圆寂火化后留下的遗骨和珠状宝石样生成物。舍利子译成中文叫灵骨、身骨、遗身。它的形状千变万化，有圆形、椭圆形，有成莲花形，有的成佛或菩萨状；它的颜色有白、黑、绿、红的，也有各种颜色；有的像珍珠、有的像玛瑙、水晶；有的像钻石一般。

■ 鎏金银茶罗

唐朝是法门寺的全盛时期，它以皇家寺院的显赫地位，以7次开塔迎请佛骨的盛大活动，对唐朝佛教、政治产生了深远的影响。

唐代200多年间，先后有高宗、武后、中宗、肃宗、德宗、宪宗、懿宗和僖宗8位皇帝六迎二送供养佛指舍利。每次迎送声势浩大，朝野轰动，皇帝顶礼膜拜，等级之高，绝无仅有。

874年正月初四，唐僖宗李儇最后一次送还佛骨时，按照佛教仪轨，将佛指舍利及数千件稀世珍宝一同封入塔下地宫，用唐密曼荼罗结坛供养。

迎请佛骨在唐末愈演愈烈并达到高潮。所谓迎请佛骨，就是每隔30年把珍藏在塔基下地宫中的佛骨迎入长安城皇宫瞻仰。

自874年迎骨请佛骨之后，地宫关闭，与世隔绝1000多年之久。法门寺在唐代也曾遭到过厄运，唐武宗在845年大规模灭佛，史称"会昌法难"。

他曾下令毁掉佛指骨舍利，但此前，寺僧们已经准备了几件佛指骨舍利的影骨，即仿制品，用以搪塞君命，而把如来佛真身指骨秘藏起来，而且从此地宫就再未被打开过。

宋代法门寺承袭了唐代皇家寺院之宏阔气势，被恢复到最大规模，当时仅二十四院之一的"浴室院"可日浴千人。宋徽宗曾手书"皇帝佛国"4字于山门之上。

法门寺地宫由踏步、平台、隧道和前、中、后三室组成。全长21.4米，虽然面积仅31.48平方米，但却是世界最大的佛教地宫。

地宫中有制、储、饮一套精美的金银茶具，这是我国所知时间最早、等级最高的成套茶具，也是世界上发现时代最早、等级最高的宫廷茶具。

这套茶具是唐僖宗亲自使用过的鎏金茶具，还附带有银火箸、银坛子、结条笼子等，分别对应了唐朝宫廷茶道的全过程，完全印证了陆羽写的《茶经》中的有关内容，用实物讲述了我国茶文化的发展过程。

而世上仅存的佛指骨舍利就在地宫的密龛里，共有4枚。

地宫后室的土层挖开后，就有一个密龛显露出来，密龛里藏着一个包裹，里面又是一个铁函。那个沉甸甸的宝函里套着一重又一重的宝函。直至第七重，里面是镶满珍珠的金质宝函，宝函里是一座宝珠顶小金塔。纯金塔打开后，金座子上有个像手指一样的银柱子，上面还有白花花的东西。这就是第一枚佛指舍

鎏金 古代金属工艺装饰技法。用涂抹金汞剂的方法镀金，近代称"火镀金"。这种技术在春秋战国时已经出现。汉代称"金涂"或"黄涂"。鎏金，亦称"涂金""镀金""度金""流金"，是把金和水银合成的金汞剂，涂在铜器表层，加热使水银蒸发，使金牢固地附在铜器表面不脱落的技术。

历史之魂

六大考古发现

■ 法门寺唐代茶具

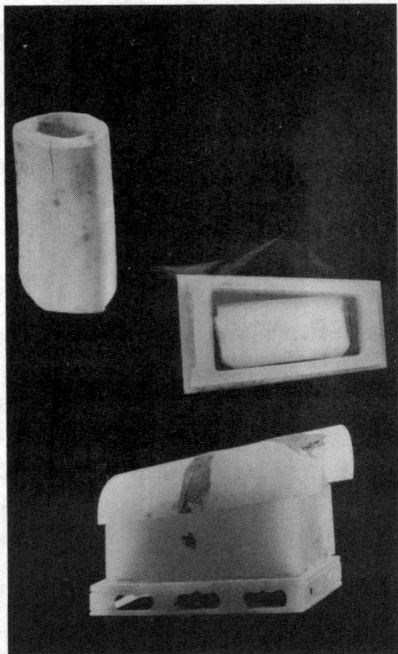

■ 法门寺佛指舍利

香炉 即是焚香的器具。用陶瓷或金属作成种种形式。其用途亦有多种，或熏衣，或陈设，或敬神供佛。我国香炉文化的历史可以追溯到商周时代的"鼎"。香炉起源于何时，尚没有定论。古代文人雅士把焚香与烹茶、插花、挂画并列为四艺，成为他们重要的生活内容。

利，但是一件仿制品，命名为"特级一号"。

第二枚佛祖舍利珍藏于地宫汉白玉灵帐中的盝顶铁函。一般开启八重宝函，是完全按照碑文的记载来进行的。但是这只铁函，碑文却没有任何记载。

启开木盒，盒内是彩绢，当取开最后一层彩绢时，发现鎏金银棺。银棺左右两侧，各雕一位守卫银棺的金刚力士，左执剑、右执斧。

整个小银棺置于金棺床上。第二枚佛指舍利就置于鎏金银棺内，命名为"特级二号"。

第三枚佛指舍利藏于地宫后室北壁秘龛内，一只锈迹斑斑的铁函，打开铁函，里面是一枚45尊造像盝顶银函。银包角檀香木函内为嵌宝石水晶椁子。椁盖雕观世音菩萨及宝瓶插花，椁身四面皆雕文殊菩萨坐像及莲座、花鸟。水晶椁子里又是一个壸门座玉棺，玉棺里面又是一枚佛指舍利，命名为"特级三号"。

这枚佛祖真身指骨舍利呈现乳黄色，一面有一些霉点，还有一个非常细小的裂纹；三面俱空，一面稍高，骨质细密而有光泽。在日光灯下，似有灵怪异彩。经鉴定，这枚才是佛祖释迦牟尼真身指骨舍利，也是世界上独一无二、佛教界至高无上的圣物。

第四枚佛指舍利发现于阿育王塔中。阿育王塔全称汉白玉浮雕彩绘阿育王塔，由塔刹、塔盖、塔身、塔座4部分组成。铜铸塔刹，葫芦状，安置于盖心。塔盖为9层棱台，由上而下逐渐变大，每边刻一圈如意云头二方连续图案。

塔内放着一座宝刹单檐铜塔。铜塔为模铸成型，平面呈方形，分作塔基、塔身、塔刹部分。塔基为须弥座，其外有三层渐收的护栏，每面护栏正中有弧形踏步。

铜塔内盛放银棺一枚。棺体下有两层台座，上层台座四周錾出一圈仰莲瓣，下层四周镂空成壸门。当这口银棺的棺盖被启开后，又一枚佛指舍利出现了，被命名为"特级四号"。

法门寺地宫出土的佛骨真身是世界上唯一的佛教圣物，法门寺将因此成为世界佛教朝拜的圣地。

法门寺地宫还发现有熏香品9件。据地宫内《物帐碑》记载，唐茹宗奉佛的香炉3件，唐僖宗供养的香囊两枚。这是唐代皇帝在宫廷使用熏香器的明证。

■ 法门寺文物锦绣

在法门寺地宫开启前，对秘色瓷一直有各种说法，有认为秘色指的是一种釉色的隐秘，也有人认为是对一种颜色的叫法。地宫《物帐碑》中记载，以及13件秘色瓷器珍品的发现，为人们揭开了这个谜团。

唐朝时我国的丝绸织物已发展到一个高峰，地宫中的丝织品就成了很好的佐证。这些物品多是历代皇后所供奉的，其中还有武则天的"武后绣裙"一件。

地宫《衣物帐碑》，全称《应从重真寺随真身供养道具及恩赐金银器物宝函等并新恩赐到金银宝器衣物帐》，罗列着地宫里2499件文物清单。

该碑文详细记载了懿、僖二宗、惠安皇太后、昭仪、晋国夫人、诸头等皇室戚贵、内臣僧官供奉佛指真身舍利的金银宝器、衫袍衣裙等，是至今首次发现的唐代衣物帐碑。碑文物主清楚，名称罗列明晰，有标重类注，为研究唐代政治、经济以及衣物宝器名称、制作工艺、衡制、纺织服饰等方面提供了丰富的资料。

阅读链接

1981年8月24日，法门寺宝塔半边倒塌。1986年政府决定重建，1987年2月底重修宝塔。适逢农历四月初八佛诞日，"从地涌出多宝龛，照古腾今无与并"，在沉寂了1113年之后，2499件大唐国宝重器重见天日，其中包括最重要的"佛指舍利"。

1987年5月8日，第一枚舍利被发现；5月9日深夜，发现第二枚；5月10日0时6分，发现第三枚佛指舍利；5月12日，在原旋转地宫前室的阿育王塔中发现第四枚佛指舍利。

1994年11月29日至次年2月28日，为促进中泰人民友谊，应泰国国王、僧王之请求，经中央政府批准，佛指舍利首次离境，用专机护送到曼谷，供泰国广大佛门信徒瞻拜85天。